「一億総活躍社会」とはなにか

日本の少子化対策はなぜ失敗するのか

友寄 英隆

さ よ な ら
安倍政権
批 判
plus
オルタナティブ

はじめに

安倍内閣の「一億総活躍国民会議」は2016年5月18日、「ニッポン一億総活躍プラン」なるものをまとめました。安倍内閣は、それをもとにして夏の参院選挙へむけて新たな経済対策を国民に訴えるとしています。

本書は、安倍内閣が「アベノミクスの第2ステージ」として推進しはじめている「ニッポン一億総活躍プラン」について、それは国民にとって何を意味し、何をもたらすか、アベノミクスの3年半の経過もふまえながら検討したものです。

同時に、本書は、これまで日本では二十数年も前から「少子化対策」に取り組んできたのに、なぜはかばかしい効果を上げることができなかったのか、その失敗の原因の解明を行いました。このように過去にさかのぼって日本の「少子化対策」の検討を行ったのは、安倍首相が「50年後も人口1億人の維持」をかかげ、この課題に取り組むのは「政権としては史上初めて」などと主張しているからです。こうした言明については、歴史的経過をきちんと検証してみる必要があります。

さらに本書では、安倍内閣・自公政権の「少子化対策」を検討するだけにとどまらず、世界史的にみても異常な速さで進みはじめている日本の「人口減少」に対して、国民的な立場に立ってどう対応すべきか、その基本的な方向について検討し、いくつかの提言を行いました。

ところで、安倍首相が急に「アベノミクスは第2ステージ」などと言い出した政治的思惑は、何でしょうか。なによりもまず、この3年半の経済政策（アベノミクス）が、国民の立場から見ると、もはや覆い隠せないほど破綻しつつあり、それにたいする国民の厳しい批判をかわすためだと思われます。

安倍首相は、4年前の総選挙（2012年12月）の時以来、国民に対して、アベノミクスの「3本の矢」によって、2年程度でデフレを脱却して日本経済を再生させると繰り返し約束してきました。しかし、アベノミクスのもとで、大企業の利潤や一部の富裕者の所得・資産だけが増えてきたのに対して、国民の暮らし向きはいっこうに良くなるどころか、むしろ悪化しています。この3年余の間に、物価は三重の要因（円安、日銀の通貨政策、消費税増税）が重なって、食品などを中心にじりじり上がり続けています。実質賃金の水準は、大幅マイナスが続き、2010年を100とすると、2015年は94・6にまで落ち込んでいます。年金の実質的な目減りは、もっと激しくなっています。アベノミクスは、「日本経済の二極化」を拡大し、日本経済の「株式資本主義化」の傾向を強め、さらに安保法制（戦争法）と連動した「経済の軍事化」と「原発推進」を促進しただけでした。

安倍内閣は、アベノミクスで公約したことの国民的総括を迫られるのを恐れて、それをなんとかしてかわすために、先手を打って「アベノミクスの第2ステージ」「一億総活躍社会」「新・3本の矢」などと言い出したものと推察されます。

しかし同時にまた、いま安倍首相が「一億総活躍」を言い、言葉の上だけでも「希望出生率1・8」とか「介護離職ゼロ」とかの目標を、国民に約束せざるを得なくなっていることの客観的な意味もみておく必要があります。

安倍首相は、アベノミクスを言いはじめたときには、経済政策の基本哲学を「縮小均衡の分配政策」から「成長と富の創出の好循環」へと転換させ、「強い経済」を取り戻すと強調していました。ところが「アベノミクスの第2ステージ」では、手のひらを返すように「成長と分配の好循環」が基本線だと強調し、「新・3本の矢」では「夢をつむぐ子育て支援」とか、「安心につながる社会保障」などを目標にかかげるようになっています。これは何を意味しているのでしょうか。

安倍内閣の「新・3本の矢」は、かつて1980年代以来の「臨調行革」路線、1990年代後半以来の「新自由主義」路線の時代から続けられてきた労働法制の改悪や社会保障削減・制度改悪の矛盾が累積し、もはや隠せないほどになってきたことを現わしています。言葉の上だけでも、「希望出生率1・8」とか「介護離職ゼロ」とかの目標を、国民に約束せざるを得なくなっているわけです。

安倍内閣のすすめようとしている「アベノミクスの第2ステージ」は、従来の「福祉削減」「市場化」「構造改革」路線を転換するのではなく、それを「一億総活躍社会」の名で続け、むしろ拡大・強化しながら、しかし部分的には、そのなかに国民の要求に応じた「改良方策」をも織り込まざるをえなくなっています。これは、客観的には、きわめて矛盾・混迷した路線です。

安倍首相の「一億総活躍」と「新・3本の矢」の意味は、これまで3年半の「アベノミクスの第1ステージ」の矛盾と混迷の結果も表しているとみることができるでしょう。

本書の構成と内容は、次のようになっています。

序章「『一億総活躍社会』、『新・3本の矢』とは」では、「一億総活躍社会」の意味とその内容を、「ニッポン一億総活躍プラン」の特徴と、安倍首相自身の発言にそって整理・紹介しました。安倍内閣の「一億総活躍社会論」を検討するためには、その主張の内容をしっかりおさえておくことが前提だからです。ここでは、安倍首相の施政方針演説の該当する部分を「基本資料」として引用してあります。

第1章「いまなぜ『一億総活躍』なのか」では、安倍首相が「一億総活躍」などと言い出したねらいを考察し、「一億総活躍」の一億には、異なった2つの意味と政策的課題が区分けされることなく、暗黙のうちに一体化して盛り込まれていると指摘しました。当面の短期的な政策効果を求められる経済政策と長期的で総合的な課題である人口政策とは、安易に一体化して取り組もうとすると、深刻な政策的トレードオフ（二律背反）に落ち込むことがあります。この政策的トレードオフの解明、安倍内閣の「ニッポン一億総活躍プラン」が本質的にはらんでいる矛盾の解明は、本書の中心的課題の1つですが、それは第2章以降でとりあげます。

第2章「安倍内閣の『新・3本の矢』の検討」では、「新・3本の矢」の具体的な内容に即して、突っ込んだ検討を行いました。「新・3本の矢」は、政策の手段を示す「矢」ではなく、政策の目標を示す「的（まと）」なのですが、それぞれを個々にみても、安倍内閣の政策ではとうてい達成不可能なのにくわえて、それら3つの「的」を束ねて取り組もうとすることによって、いっそう矛盾をかかえこむことになっています。また第2章では、安倍首相が「一億総活躍社会」の最重要課題と位置づける「働き方改革」についても検討しました。

第3章「これまで歴代政権の『少子化対策』」では、これまで二十数年にわたって続けられてきた自公政権・財界の「少子化対策」がいっこうに効果を上げなかった原因を検討しました。結論的に言うならば、これまでの「少子化対策」が効果を上げなかった背景には「3つの失敗」——①財界の失敗、②社会の失敗、③政府の失敗——があり、それぞれについて深い反省（失敗の分析）が求められています。これら「3つの失敗」は、相互に絡み合ってはいます。しかし、「少子化は、社会全体の問題、国民全体の問題」などと、一億総懺悔的に片付けられてはなりません。それぞれの「失敗」は、異なった性格と特徴をもっており、それぞれの失敗の責任を明らかにすることが大事です。

第4章「『3つの失敗』の根源にあるもの」では、第3章で解明した「3つの失敗」を全体としてとらえて、日本の「少子化」現象そのものの根源について考えます。そして、「少子化対策」の「3つの失敗」の根源には、現代日本の「資本主義のあり方」そのものが問われていることを明らかにします。「3つの失敗」という言い方の延長線上でいうなら、さしずめ「資本の失敗」「日本資本主義の失敗」とでもいうべきでしょう。

最後の第5章「いま日本で必要なことはなにか」では、それまでの批判的検討をもとに、国民的な立場からはいま何が必要なのか、筆者の考えを7点に整理して提起しました。その方向を結論的に述べるなら、すでに欧州のいくつかの先進国が「少子化」を乗り越えつつあることから示されるように、資本主義のもとでも人口問題を解決することは可能ですが、日本の場合は、自公政権の経済政策、とりわけ労働政策と社会保障政策の根本的転換が必要であり、従来の「少子化対策」の枠をこえた、文字通り「異次元の対策」に本格的に取り組むことが求められるということです。

補章「21世紀日本の人口問題」では、21世紀の人口問題について考えるうえで不可欠な3つの問題、①「人口減少モメンタム時代」、②「将来人口推計」、③「人口静止社会」について、その意味を簡潔に解説しました。

巻末には、人口問題を理解するための基本的な用語、たとえば「合計特殊出生率」などの用語解説と、「出生数と出生率の関係」についての計算方法と資料を掲載しておきました。

日本社会にとって人口問題は、21世紀をつうじて取り組まねばならない長期にわたる重要課題の1つになるでしょう。その意味では、本書で直接とりあげた諸問題は、2016年という時点での安倍内閣の「ニッポン一億総活躍プラン」を中心にした日本の「少子化対策」の検討に限られていますが、決して単なる「時事問題」の論評にとどまるものではありません。

筆者は、今後の日本でますます重要課題となる人口問題について、国民的立場から取り組むための問題提起の意図を込めて本書を執筆しました。本書を読んでいただいた方々からの、忌憚のないご批判やご意見を、心から歓迎します。

2016年6月1日

友寄　英隆

も・く・じ

はじめに　1

序　章　「一億総活躍社会」、「新・3本の矢」とは……11

Ⅰ　安倍首相の唐突な「一億総活躍社会」の提起　11
Ⅱ　「ニッポン一億総活躍プラン」の基本的特徴　13
Ⅲ　安倍首相自身による「一億総活躍」の説明──施政方針演説　16

第1章　いまなぜ「一億総活躍」なのか……21

Ⅰ　「一億総活躍」の2つの意味、2つの課題　21
Ⅱ　「一億総活躍」の経済政策的な課題　23
Ⅲ　「一億総活躍」の人口政策的な課題　24
Ⅳ　国民不在の「一億総活躍国民会議」　27

V　安倍首相の政治的思惑を超えて広がる国民的要求の潮流
——「保育園落ちた」の怒りのブログが意味すること　29

第2章　安倍内閣の「新・3本の矢」の検討……32

I　「ニッポン一億総活躍プラン」の目標年度とロードマップ（工程表）　32
II　第1の矢→「名目GDP600兆円」（希望を生み出す強い経済）　34
III　第2の矢→「希望出生率1・8」（夢をつむぐ子育て支援）　37
IV　第3の矢→「介護離職ゼロ」（安心につながる社会保障）　43
V　安倍首相の言う「働き方改革」は、だれのためなのか　49
VI　「新・3本の矢」は、トリレンマに陥り、破綻する　56

第3章　これまで歴代政権の「少子化対策」——なぜ効果があがらなかったのか……59

I　これまでの「少子化対策」の変遷——自公政権の「少子化」対策は、「着実に前進」などと言えるか　59
II　「少子化対策」の効果があがらなかったことの原因解明が重要　62
III　「財界の失敗」——「利潤優先の労務政策」と「労働力再生産」のトレードオフ　65
（1）日本経団連の「少子化対策」提言　67
（2）利潤追求最優先の「労務政策」と「労働力再生産」のトレードオフ　70
（3）日本型経営から「新自由主義」型経営へ——ますます拡大するトレードオフの溝　73

（4）安上りの労働力確保のための「日本型移民政策」の提案　76
Ⅳ　「社会の失敗」――「女性差別」と「性別役割分業」家族観の軛　79
（1）「社会の失敗」の根底にある根強い「女性差別」　80
（2）「社会構造」の変革を阻んでいるものはなにか　84
（3）日本の保守政治の根底に「女性蔑視」の思想　86
（4）「生めない現実」、「生まない選択」の背景に「女性の貧困」　91
（5）「女性の自立」と「労働と家庭からの排除」のパラドキシカルな関係　92
（6）「社会の失敗」を打開する方向　94
Ⅴ　「政府の失敗」――「新自由主義」路線と「少子化対策」の矛盾　95
（1）「財界の失敗」を放任・促進してきた政府――「新自由主義」路線の「労働ビッグバン」と「働き方改革」　96
（2）政府の「少子化社会対策大綱」に根本的に欠けているもの　97
（3）「社会の失敗」（「女性差別」「女性の貧困」など）を放置・拡大してきた政府　98
（4）出産、子育てへの支援策、家族政策の決定的な立ち遅れ　99
（5）子どもの貧困、若者の貧困、教育の貧困は「政府の失敗」の結果　101

第４章　「3つの失敗」の根源にあるもの――現代日本の「資本主義のあり方」が問われている……104
Ⅰ　現代日本の「少子化」「人口減少」のスピードは異常である　104

Ⅱ 「高度成長」の破綻と「出生率低下」のはじまり 106
Ⅲ 「新自由主義」路線による資本の強蓄積、労働力再生産の条件の危機 108
Ⅳ 未婚率の上昇、晩婚化の意味すること 110

第5章 いま日本で必要なことはなにか——7つの視点…… 114

補 章 21世紀日本の人口問題…… 121

Ⅰ 「人口減少モメンタム時代」とはなにか 121
Ⅱ 「将来人口推計」とはなにか 126
Ⅲ 「人口静止社会」とはなにか 133

コラム1 「人民の失敗」か、「政府の失敗」か——S・リードの鋭い問題提起 66
コラム2 「少子化対策」の理論的背景——シカゴ学派の「家族の経済学」 103
コラム3 資本の搾取欲と「人口の減少」——マルクスの指摘の先見性 113

あとがき 137
用語解説 (コーホート、合計特殊出生率、人口置換水準、人口モメンタム)「出生数と合計特殊出生率の関係」 139

序章　「一億総活躍社会」、「新・3本の矢」とは

Ⅰ　安倍首相の唐突な「一億総活躍社会」の提起

安倍首相は、2015年9月24日、自民党新総裁に再選された直後の記者会見のなかで、「ニッポン『一億総活躍』プラン」と称する政策構想を初めて明らかにしました。安倍首相は、この二十数分間の短いスピーチのほとんどすべてを使って、けばけばしい赤、青、黄のパネルをかかげながら、次のように述べました（序章図1）。

「次の3年間、私は、未来を見据えた、新たな国づくりを力強く進めていきたい。本日、この日から、アベノミクスは、『第二

序章－図1　安倍首相の「新・3本の矢」のパネル

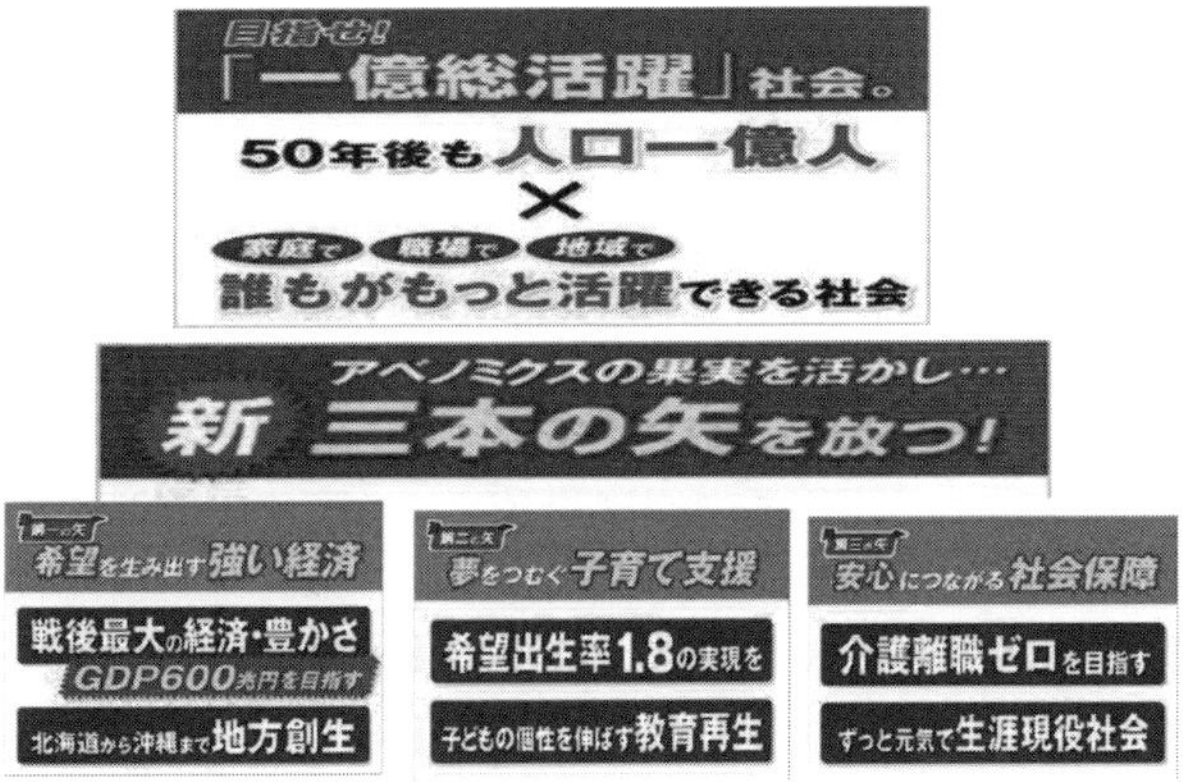

（出所）自民党ホームページより

ステージ』へと移ります。目指すは『一億総活躍』社会であります。少子高齢化に歯止めをかけ、50年後も、人口1億人を維持する。その国家としての意志を明確にしたいと思います。同時に、何よりも大切なことは、一人ひとりの日本人、誰もが、家庭で、職場で、地域で、もっと活躍できる社会を創る。そうすれば、より豊かで、活力あふれる日本をつくることができるはずです。いわば『ニッポン「一億総活躍」プラン』を作り、２０２０年に向けて、その実現に全力を尽くす決意です。そのために、新しい『三本の矢』を放ちます。第一の矢、『希望を生み出す強い経済』。第二の矢、『夢をつむぐ子育て支援』。第三の矢、『安心につながる社会保障』。希望と、夢と、安心のための、『新・三本の矢』であります」（自民党のホームページより）。

安倍首相は、「新・３本の矢」のそれぞれについて、その目標を簡単な数字で示しました。安倍首相の言う新しい「３本の矢」とは、「一億総活躍社会」をスローガンにかかげて、①「希望を生み出す強い経済」＝「ＧＤＰ６００兆円」、②「夢をつむぐ子育て支援」＝「希望出生率１・８」、③「安心につながる社会保障」＝「介護離職ゼロ」をめざすというものです。

安倍首相は、この日の自民党総裁会見を境にして、その後の演説、スピーチ、会見などでは、つねに「アベノミクスは第2ステージ」「一億総活躍社会」「新・３本の矢」の３つの用語をセットにして繰り返し宣伝するようになりました。安倍首相は、10月7日に第３次安倍内閣を発足させると、一億総活躍担当大臣を任命し、内閣官房に「一億総活躍推進室」と「関係府省庁連絡会議」を発足させるとともに、「ニッポン『一億総活躍』プラン」の策定にあたる「一億総活躍国民会議」を設置しました。

こうした機構のもとで、安倍内閣は、11月26日には、「一億総活躍国民会議」の名で「一億総活躍社会の実現に向けて緊急に実施すべき対策」（以下「緊急対策」と略す）を発表しました。しかし、この「緊急対策」なるものは、マスメディアからの評判はすこぶる悪く、肝心の自民党の執行部のなかからも、「全体のつながりが見えない」「ひどい中身だ」「総花的で何をどうしたいのかわからない」などと批判や不満が続出し、加藤勝信・一億総活躍担当相は、「来年春にはしっかりしたプランを取りまとめる」と弁解に大わらわだったと報道されています（「毎日新聞」２０１５年11月27日付）。

こうした経過を経て、２０１６年5月18日にまとめた「ニッポン一億総活躍プラン」は、「43項目からなる対応策」を列挙し、膨大な分量にふくらんでいますが、「一億総活躍社会」を実際にどうやって実現するのか、その道筋は少しも明らかになっていません。「ひどい中身だ」と酷評された昨秋の「緊急対策」をふくらませただけの「プラン」にすぎず、その基本的性格はいささかも変わっていません。

Ⅱ 「ニッポン一億総活躍プラン」の基本的特徴

「ニッポン一億総活躍プラン」（以下「プラン」と略）の全体は85ページですが、その本文は25ページで、残りの60ページは「10年先を見据えたロードマップ」にあてられています。「プラン」の具体的内容については、次章以降で詳しく検討するとして、ここでは、その基本的特徴だけみておきましょう。

1 ロードマップ（工程表）の最大の特徴——目標年次を10年後に繰り延べたこと

「プラン」の言う「ロードマップ」とは、「時間軸と指標を持った対応策」、いわゆる工程表のことです。

「プラン」では、工程表について、次のように説明しています。

「ロードマップの年次は、『戦後最大の名目ＧＤＰ６００兆円』に向けた施策については平成28年度（２０１６年度）から平成33年度（２０２１年度）の６年間、『希望出生率１・８』、『介護離職ゼロ』に向けた施策については平成28年度（２０１６年度）から平成37年度（２０２５年度）の10年間とし、各年度において施策をどのように展開していくかを可能な限り指標を掲げつつ示した」（「プラン」24ページ）。

これまでは、「新・３本の矢」の目標年は、漠然と２０２０年ごろとされていたので、２０２５年を目標にしたのは、大幅な繰り延べです。

２　内容は「緊急対策」の焼き直し――唯一の新しい点は「働き方改革」

「プラン」前半の本体部分を読むと、「一億総活躍」の目標である「新・３本の矢」を実現するための具体的政策の内容は、基本的には昨秋発表した「緊急対策」の焼き直しであり、ほとんど新しい政策展開は盛り込まれていません。「緊急政策」の時点から追加された唯一の新しい点は、「一億総活躍社会の実現に向けた横断的課題である働き方改革」を強調して、「同一労働同一賃金の実現など非正規雇用の待遇改善」「長時間労働の是正」「高齢者の就労促進」などをとりあげていることです。

3 「生産性革命を実現する規制・制度改革」と「働き方改革」との関係

「プラン」では、「新・第1の矢」の「GDP600兆円」を実現するために、「残された『岩盤規制』の突破口を開く」と強調しています。安倍内閣の言う「岩盤規制」の最大の課題は、財界の要求する労働法制の規制緩和です。「プラン」では、「これにより、民間の能力が十分に発揮できる世界で一番ビジネスのしやすい環境を整備し、経済成長につなげる」と述べています。

「プラン」の強調する「働き方改革」は、「世界で一番ビジネスのしやすい環境」のための労働法制の規制緩和と、果たして両立するのか。両者はトレードオフ（二律背反）の関係にあるのではないのか。――この問題は、第2章以降で、詳しく検討します。

4 財政的な裏付けは、まったくない

「プラン」は、本文の末尾の部分で、ただ一言「本ロードマップを効果的に実施していくため、『経済・財政再生計画』の枠組みの下、日本再興戦略その他の政府計画と連携して取り組んでいく」（「プラン」25ページ）と述べています。しかし、「新・3本の矢」の目標を実現するには、膨大な財源が必要になるはずですが、「プラン」の本体でも、その「工程表」でも、必要な財源やその見通しについてはまったく触れていません。安倍内閣の「ニッポン一億総活躍プラン」は、国民に「一億総活躍」という大きなバケツをかかげて見せたが、これは穴の開いたバケツどころか、完全に底が抜けたバケツだと言わざるをえません。

Ⅲ　安倍首相自身による「一億総活躍」の説明――施政方針演説

安倍首相は、２０１５年９月の最初の提起以来、その後の演説、スピーチ、会見などのなかでは、なんども「一億総活躍社会」について説明してきました。それらは、だいたいは同じことの繰り返しですが、そのなかで、もっともまとまった「一億総活躍社会」の解説は、２０１６年通常国会における施政方針演説のなかでの説明です。それは、本書で検討する安倍内閣の「一億総活躍社会」の内容と意図を安倍首相自らが公式に語った基本資料なので、少し長くなりますが、その部分を引用しておきましょう。（引用に当たり、便宜的に小見出しに番号をふり、また、一部分「改行」を詰め、一部分「省略」してあります）。

一億総活躍への挑戦（２０１６年１月22日の施政方針演説から）

１（多様な働き方改革）

「一億総活躍」への挑戦を始めます。最も重要な課題は、一人ひとりの事情に応じた、多様な働き方が可能な社会への変革。そして、ワーク・ライフ・バランスの確保であります。

労働時間に画一的な枠をはめる、従来の労働制度、社会の発想を大きく改めていかなければなりません。フレックスタイム制度を拡充します。専門性の高い仕事では、時間ではなく成果で評価する新しい労働制度を選択できるようにします。時間外労働への割増賃金の引上げなどにより長時間労働を抑制します。更に、年次有給休暇を確実に取得できるようにする仕組みを創り、働き過ぎを防ぎます。

女性が活躍できる社会づくりを加速します。妊娠や出産、育児休業などを理由とする、上司や同僚による嫌がらせ、いわゆる「マタハラ」の防止措置を事業者に義務付けます。男性による育児休業を積極的に促す事業者には、新しい助成金を創設します。

障害者総合支援法を改正し、障害者の皆さんが、自立した生活を送り、職場に定着、就業を継続できるよう、きめ細かな支援を行ってまいります。

非正規雇用の皆さんの均衡待遇の確保に取り組みます。短時間労働者への被用者保険の適用を拡大します。正社員化や処遇改善を進める事業者へのキャリアアップ助成金を拡充します。契約社員でも、原則一年以上働いていれば、育児休業や介護休業を取得できるようにします。更に、本年取りまとめる「ニッポン一億総活躍プラン」では、同一労働同一賃金の実現に踏み込む考えであります。

２（介護離職ゼロ）

介護で自分の人生を犠牲にされたと思わずに済むような社会にしたい。そう訴える、介護経験者の方の言葉が胸に刺さりました。介護離職者は年間十万人を超えています。離職を機に、高齢者と現役世代が共倒れする現実もあります。日本の大黒柱、団塊ジュニア世代が大量離職すれば、経済社会は成り立ちません。「介護離職ゼロ」という明確な目標を掲げ、現役世代の「安心」も確保する社会保障制度へと改革を進めてまいります。

在宅介護の負担を軽減します。特別養護老人ホームやサービス付き高齢者住宅など多様な介護の受け皿を、二〇二〇年代初頭までに五十万人分整備します。介護施設には、首都圏などの国有地を安く提供いたします。

介護福祉士を志す学生には、返還を免除する奨学金制度を充実します。一旦仕事を離れた人が復職する場合には再就職の準備金を支給します。あらゆる施策を総動員し、今後二十五万人の介護人材を確保してまいります。

介護休業の分割取得を可能にし、休業中の給付を四十％から六十七％に引き上げます。所定外労働の免除、短時間勤務などを可能とし、仕事と介護が両立できる社会を創り上げてまいります。

高齢者の皆さんの七割近くが、六十五歳を超えても働きたいと願っておられる。大変勇気付けられる数字です。高齢者も雇用保険の適用対象とし、再就職を支援するなど、多様な就労機会を提供します。更に「ニッポン一億総活躍プラン」では、定年延長に積極的な企業への支援など、定年引上げに向けた環境を整え、働きたいと願う高齢者の皆さんに道を拓いてまいります。

いつまでも、元気で、その豊富な経験や知恵を、能（あた）う限り、社会で発揮して頂きたい。「生涯現役社会」。単なるスローガンはもう要りません。それを、現実のものにしていこうではありませんか。

3（希望出生率一・八）

一億総活躍の最も根源的な課題は、人口減少問題に立ち向かうこと。五十年後も人口一億人を維持することであります。長年放置されてきた、この課題への挑戦をスタートします。

「希望出生率一・八」の実現を目指します。一人でも多くの若者たちの、結婚や出産の希望を叶えてあげたい。所得の低い若者たちには、新婚生活への経済的支援を行います。不妊治療への支援を拡充します。産前産後期間の年金保険料を免除し、出産の負担を軽減します。妊娠から出産、子育てまで、様々な不安の相談に応じる「子育て世代包括支援センター」を、全国に展開してまいります。

仕事をしながら子育てできる。そういう社会にしなければなりません。病児保育の充実など、子ども・子育て支援を強化します。目標を上積みし、平成二十九年度末までに合計で五十万人分の保育の受け皿を整備してまいります。返還免除型の奨学金の拡充、再就職準備金などの支援を行い、九万人の保育士を確保します。「待機児童ゼロ」を必ず実現してまいります。

大家族による支え合いを応援します。二世帯住宅の建設を支援します。URの賃貸住宅では「近居割」を五%から二十%へと拡大します。新しい住生活基本計画を策定し、三世代の同居や近居に対する支援に本格的に取り組んでまいります。

子どもたちの未来が、家庭の経済事情によって左右されるようなことがあってはなりません。ひとり親家庭への支援を拡充します。所得の低い世帯には児童扶養手当の加算を倍増し、第二子は月一万円、第三子以降は月六千円を支給します。

幼児教育無償化の実現に一歩一歩進んでまいります。所得の低い世帯については、兄弟姉妹の年齢に関係なく、第二子は半額、第三子以降は無償にします。高校生への奨学給付金を拡充します。本年採用する大学進学予定者から、卒業後の所得に応じて返還額が変わる、新たな奨学金制度がスタートします。希望すれば、誰もが、高校にも、専修学校、大学にも進学できる環境を整えます。

いじめや発達障害など様々な事情で不登校となっている子どもたちも、自信を持って学んでいける環境を整えます。フリースクールの子どもたちへの支援に初めて踏み込みます。子どもたち一人ひとりの個性を大切にする教育再生を進めてまいります。

日本の未来。それは、子どもたちであります。子どもたちの誰もが、頑張れば、大きな夢を紡いでいくことができる。そうした社会を、皆さん、共に創り上げていこうではありませんか。

4（アベノミクスの果実）

三年間のアベノミクスは、大きな果実を生み出しました。（以下、この項は略）

5（GDP六百兆円）

強い経済、「成長」の果実なくして、「分配」を続けることはできません。「成長と分配の好循環」を創り上げてまいります。

「介護離職ゼロ」、「希望出生率一・八」という二つの「的」を射抜くためにも、又その安定的な基盤の上に、「戦後最大のGDP六百兆円」というもう一つの「的」を掲げ、新しい「三本の矢」を放ちます。この春も、企業収益の拡大を賃金の上昇へとつなげる。昨年を上回る賃上げを目指すことで、政府と経済界の認識が一致しました。原材料コストの価格への転嫁など、下請企業の取引条件の改善に官民で取り組みながら、最低賃金についても、千円を目指し、年率三％を目途に引き上げます。

昨年の七月八月九月、企業の設備投資は一年前と比べ十一％以上伸びました。三年後には更に十兆円上積みできる。その認識で経済界と一致いたしました。法人実効税率を来年度から一気に二十％台へと引き下げ、国際的に遜色のない水準へと法人税改革を断行します。中小・小規模事業者には固定資産税の大胆な減税を行い、投資収益率を高め、国内の設備投資を後押しします。

（以下略）

第1章 いまなぜ「一億総活躍」なのか

Ⅰ 「一億総活躍」の2つの意味、2つの課題

首相官邸のホームページの英訳文によると、「一億総活躍」は（the Dynamic Engagement of All Citizens）となっています。どこにも「1億」という数字は入っていません。しかし、安倍首相が「アベノミクスの第2ステージ」の表看板にかかげる「一億総活躍社会」には、「1億」という数値に重要な意味が込められています。この「1億」には、次のような2つの意味、2つの課題が混然一体となっており、それをしっかり区分けしながら、これら2つの課題の関係について検討することが大事です。

「1億」の1つの意味は、現に今生きて生活している日本国民全体のことです。「一億総活躍」というときに想定されているのは、現在つまり2016年の国民がみな「総活躍」できるような社会をイメージするように、かなり意図的に提起されています。現実の日本の総人口は、2015年国勢調査の速報（2月26日発表）によると、1億2711万人ですから、「1億」は総人口よりはかなり少ないのですが、小さ

い子どもたちを数えないとすると、だいたい現代日本の成人人口とみることができます。安倍首相が「何よりも大切なことは、一人ひとりの日本人、誰もが、家庭で、職場で、地域で、もっと活躍できる社会を創る」というときは、もっぱらこの意味での「一億総活躍」のことです。

同時に、今回の「一億総活躍」には、もう1つの意味が込められています。それは、「50年後も、人口1億人を維持」という人口政策的な意味と課題です。この意味では、「1億」という人口数そのものが、明確な政策目標となっています。安倍首相自身それを強調して「50年後も人口1億人を維持する、という長期の課題を、日本の政権として、史上初めて、自らに課しました」（2016年1月22日、ダボス会議・ジャパンナイトへの安倍首相のメッセージ）と、たびたび繰り返しています。「50年後も1億人」といえば、国立社会保障・人口問題研究所（以下、社人研と略称する）の発表した「将来推計人口」――「2060（平成72）年の推計人口は8674万人」を念頭に置いていると想定されます。（この社人研の「将来推計人口」の意味については補章Ⅱ節で詳しく検討します）。いまのままなら、50年後には人口が8674万人に減少する、だから、「新・3本の矢」によって「50年後も1億人を維持」するというわけです。

このように安倍内閣の「一億総活躍社会」は、2つの意味、2つの課題が重ねあわされているために、それを実現する目標年もおのずと2つあることになります。第1の意味、すなわち現在の全国民の「総活躍」という意味では、第1の矢は2021年度、第2の矢、第3の矢は2025年度が想定されています。第2の長期的な人口政策の意味では、「50年後」ということですから、おおよそ2065年ということになります。

「一億総活躍社会」という政策スローガンが、なんとなく茫漠（ぼうばく）としてつかみにくいのは、そのなかに2つの意味、2つの課題、2つの目標年が混在していることにも一因があると思われます。

Ⅱ 「一億総活躍」の経済政策的な課題

「一億総活躍」の2つの意味のうち、第1の、いま現在の国民全体の総活躍という意味については、「一億総活躍国民会議」の「緊急対策」では、次のように述べています。

「若者も高齢者も、女性も男性も、障害や難病のある方々も、一度失敗を経験した人も、みんなが包摂され活躍できる社会、それが一億総活躍社会である。すなわち、一人ひとりが、個性と多様性を尊重され、家庭で、地域で、職場で、それぞれの希望がかない、それぞれの能力を発揮でき、それぞれが生きがいを感じることができる社会を創る」。

ここで「緊急対策」が描いている「一億総活躍社会」は、いま現実に生きて働いて生活している国民にとっての社会です。50年後の遠い将来の日本のことではありません。

また、先に序章で引用した安倍首相の施政方針のなかでも、「一億総活躍」の項の冒頭で、「最も重要な課題」は、国民一人ひとりの「働き方改革」であると強調しています。この場合も、50年後のことではなく、現在の日本社会の「働き方」であることはいうまでもありません。

若者や高齢者、女性や男性、障害や難病のある方々がみな生き生きと働いて、豊かな収入が保障され、ゆとりある暮らしができるならば、安心して子どもを産み、育てる条件や環境が社会的に整っていることでもあります。そうした社会では、「少子化」傾向もしだいに克服されて、将来の「人口減少」にも歯止めがかかるでしょう。その意味では、現代社会の「働き方」の改革によって、ワーク・ライフ・バランスを確保することは、50年後の人口問題にもつながっています。現実にスウェーデンやフランスなどの諸国では、ジェンダー平等（男女平等）がすすみ、女性の社会進出と女性の労働力率が高まるとともに、むしろ出生率の低下が上昇に転じて、人口減少傾向に歯止めがかかったという経験も生まれています。

しかし、問題は戦後日本の場合はどうだったのか、ということです。

日本の場合は、スウェーデンやフランスのワーク・ライフ・バランスの経験を学ぶ前に、これまでの歴代政権の「少子化対策」が効果をあげてこなかった原因についての根本的な反省こそが、まず求められているのではないのか。日本の場合は、個々の企業の短期（あるいは中期）的な利潤極大化を追い求める経営戦略と超長期の視野が求められる「少子化対策」（人口政策）とが根本的に相矛盾する結果をもたらしてきたのではないのか。この点については、第2章、第3章で詳しく検討することにします。

Ⅲ 「一億総活躍」の人口政策的な課題

次に、「一億総活躍」の2つの意味のうち、第2の「人口政策的な意味」について、もう少し踏み込んでみておきましょう。

社人研の推計によると、仮に「2010年以降、出生率が人口置換水準に復帰」したとしても、207

0年ごろまでは人口減少が続き、1億を少し超える水準でようやく安定するとしています。人口置換水準とは、親の世代と子どもの世代がちょうど同数になって、人口が置き換わり、同じ人口規模が維持される出生率水準のことです（出生率や人口置換水準の厳密な人口学的な意味は、巻末の用語解説を見てください）。ちなみに、現代日本の人口置換水準の出生率は2・07ですから、安倍首相の第2の矢の目標「希望出生率1・8」はそれよりかなり低いといえます。ですから、「新・3本の矢」の第2の矢で「希望出生率1・8」を達成したとしても（いつの時点でそれを達成できるかも問題ですが）、「50年後も、人口1億人を維持」という目標をどうやって達成できるのか、その保証はありません。

安倍内閣が先に発表した「まち・ひと・しごと創生長期ビジョン」（2014年12月）では、2030年までに出生率を1・8程度に上げた後、2040年にさらに2・07程度に上げ、それを前提に2060年に1億人を確保するシナリオを描いています。しかし、「長期ビジョン」をよく読むと、一時的に1億人を確保しても、それから先はまた減少して「長期的には9000万人程度」になり、さらに、出生率1・8になるのが5年遅れるごとに、定常人口水準は300万人ずつ減少し、長期的には8000万人台になると試算しています（同ビジョン、17ページ）。

また、新聞報道によると、世界銀行が2015年10月に発表した「グローバル・モニタリング・リポート」のなかで独自に行った日本の将来人口についての推計では、出生率が1・8を回復しても、人口1億人を維持するのは難しいとしています（「日経」2015年11月8日付）。

もともと「50年後も、人口1億人を維持」という人口政策の目標は、日本経団連が2015年4月に発表した提言「人口減少への対応は待ったなし――総人口1億人の維持に向けて」が副題にかかげていた目標をそっくり受け入れたものです。後述するように、財界の提言では、人口1億人を維持するためには、大量の移民（日本への移入）を計画的に推進すべしと試算しています（後述の第3章Ⅲ節（4）項参照）。

ところで前節の冒頭で、安倍首相が「50年後も、人口1億人を維持」という国家目標をかかげたのは「日本の政権としては、史上初めて」と述べていることを紹介しました。安倍首相が「史上初めて」ということをあちこちの演説で強調しているので、あえてここで一言だけ歴史的な注釈をしておきましょう。

戦前の日本で、近衛文麿内閣が「総人口一億」を「国家目標」にかかげた「人口政策確立要綱」（1941年1月）を閣議決定したことがあります。そのなかでは、「個人を基礎とする世界観を排して家と民族とを基礎とする世界観の確立、徹底を図ること」「10年間に婚姻年齢を概ね3年早め、1夫婦の出生児数を平均5児とする」など、文字通り「産めよ殖やせよ」の人口増強政策を明記していました。この戦前の「人口政策確立要綱」は、ナチスの人口政策の影響も受けながら、独自の皇国史観にもとづいた富国強兵策として決定されました。それは、「第一、趣旨」として「東亜共栄圏ヲ建設シテ其ノ悠久ニシテ健全ナル発展ヲ図ルハ皇国ノ使命ナリ」、「第二、目標」として「昭和35年総人口一億」（当時の人口は約7000万人）をかかげ、「高度国防国家ニ於ケル兵力及労力ノ必要ヲ確保スル」としていました。

戦前と戦後、時代の背景は大きく異なり、もちろん単純に重ね合わすことはできません。とはいえ、安倍首相が「一億総活躍社会」構想を初めて打ち出した直後のTV番組で、安倍内閣の菅義偉官房長官の「たくさん産んで国家に貢献してください」などという発言が飛び出したことを想起すると、安倍内閣の発想は案外似ているのかもしれません。

Ⅳ　国民不在の「一億総活躍国民会議」

安倍内閣は、「ニッポン一億総活躍プラン」を策定するために急きょ「一億総活躍国民会議」なる機構を設置しました。この「一億総活躍国民会議」の構成をみると、1章表1のように28名中13名が安倍政権の閣僚で占められています。

これまで自民党政権のもとで「国民会議」をかかげた組織はいろいろありました。しかし、それらの国民会議は、ほとんどの場合、メンバーは民間人だけで、閣僚は入っていませんでした。そのかわり民間人については、財界代表だけでなく、労働組合の代表、中小企業や農民の代表、女性組織の代表、消費者団体の代表、青年の代表などが入っていました。個々の構成員の知見は問わないとしても、ともかく広く国民全体の意見を

1章－表1　これで「国民会議」なのか

「一億総活躍国民会議」の構成

安倍内閣の閣僚

1	議長　安倍総理
2	議長代理　一億総活躍担当大臣
3	官房長官
4	経済再生担当大臣
5	地方創生担当大臣
6	復興大臣
7	総務大臣
8	財務大臣
9	文部科学大臣
10	厚生労働大臣
11	農林水産大臣
12	経済産業大臣
13	国土交通大臣

民間有識者

1	財界団体役員（経団連会長）
2	財界団体役員（日商会頭）
3	金融機関シンクタンク役員
4	第1次安倍内閣閣僚、大学客員教授
5	大学教授
6	大学教授
7	大学教授
8	大学教授
9	大学准教授（医師）
10	ジャーナリスト、大学客員教授
11	女優、短大客員教授
12	非営利団体役員
13	福祉法人役員
14	保育園代表
15	ＰＡＪ（注）役員

（注）パラリンピックに日本代表として出場した経験のある選手有志による選手会

くみ上げる会議という体裁をとっていました。ところが、安倍内閣の「一億総活躍国民会議」の構成は、これはもうどうみても「国民不在の国民会議」です。財界代表は2人も入っていますが、大学教授を除くと、国民各層を代表するといえるのは、わずかに福祉・スポーツ関係者の5～6名だけです。「国民会議」というのは看板だけで、実質的には安倍内閣の「拡大閣僚会議」のような実態です。どうしてこの会議が国民会議といえるのでしょうか。日本の政権として、史上初めて、「50年後も人口1億人を維持するという長期の国家的課題」に取り組むというなら、少なくともそれにふさわしい「国民会議」をつくるべきではないのでしょうか。

アベノミクスをめぐっては、この3年間、国論を二分するような激しい政策論争が行われてきました。国民のかなり多くの人びとがアベノミクスに疑念をいだき、その推進に反対をしてきたことは、客観的な事実として、アベノミクス支持の立場に立つ人でも、認めざるをえないでしょう。

ところが安倍首相は、「一億総活躍社会」への批判にたいして、次のように反論しています。

「もう既に『大風呂敷だ』とか、『実現できない』とか、『一億総活躍』については、マスコミや野党から、批判の大合唱です。20年近いデフレによって、日本の隅々にまで、いかにデフレマインドが蔓延してしまったかを、象徴しているものだと思います」（内外情勢調査会全国懇談会での安倍首相のスピーチ、２０１５年12月14日）。

安倍首相の「一億総活躍社会」構想にたいする批判者はみな「デフレマインド」に陥っているのでしょうか⁈　なんとも理解に苦しみます。

さらに安倍首相は、「でも、私、批判を受けると、結構燃えるタイプであります。……むしろ、批判を受ければ受けるほど、『やってやろう』と闘志が湧いてきます。まさに『自ら反《かえり》みて縮《なお》くんば千万人と雖《いえど》も吾行かん』の心境です」と、わざわざ『孟子』の一節を引用して大見得を切っています。自分が正しいと思えば、たとえ反対が千万人いても迷わず突き進むというわけです。過半数の国民の反対を無視して、憲法違反の安保法制を強行した安倍首相の心境は、おそらくそういうことだったのでしょう。

しかし、はたしてこうした唯我独尊の立場で「一億総活躍社会」が実現できるのでしょうか。安倍首相は、どこか、根本的な思い違いをしているのではないのか。

アベノミクス（その第1ステージ）の結果は、国民的立場から見たら何だったのか。こうしたアベノミクスの国民的総括については、百歩譲って、とりあえず問わないとしても、「一億総活躍社会」の実現をアベノミクス路線のなかに強引に囲い込み、国家的な課題である人口政策を、一内閣の経済政策として位置づけることには、その基本的な課題設定、政治姿勢において根本的な疑問が生じます。

Ⅴ 安倍首相の政治的思惑を超えて広がる国民的要求の潮流
――「保育園落ちた」の怒りのブログが意味すること――

今年の2月末から3月へかけて、国会で「一億総活躍」や「新・3本の矢」が論戦のテーマになっているときに、その国会論戦とも絡み合いながら、思いがけない形で、一通の短いブログ記事「保育園落ちた、日本死ね」が瞬時に日本全国を駆け巡り、保育所の待機児童問題をあらためてクローズアップさせる事件がありました。予算委員会の質疑で、この怒りのブログにたいする感想を問われた安倍首相は、最初は「匿名なので実際に本当かどうか確かめようがない」などと追及をはぐらかしました。しかし、そうした答弁が保育園に入れない待機児童をかかえる全国の親たち、とくに働く女性たちの怒りに火をつけ、瞬く間にテレビやネットで波紋を広げていきました。安倍首相も、こうした怒りの広がりに驚いたのか、後日の質疑では、保育所建設、保育士確保に全力で取り組むと言明せざるをえませんでした。

発端となったブログ記事をあらためて読むと、――「何なんだよ日本。一億総活躍社会じゃねーのかよ。昨日見事に保育園落ちたわ」「何が少子化だよクソ」――このように、言葉遣いは荒っぽいが、そうであるだけに保育園に入れないくやしさと怒りがひしひしと伝わってきます。「待機児童」などというお役所的な表現ではすべりおちてしまいかねない深刻な保育所不足の実態を告発しているのです。子育て世代や同じ経験を持つ女性から共感の声が相次いだのも当然です。

今回の「保育園落ちた」のブログ事件は、深刻な待機児童問題の実態を示すと同時に、「アベノミクスの第2ステージ」では、安倍首相の政治的思惑を超えて、国民の切実な要求にもとづく運動が大きく発展する可能性に満ちていることを示しました。安倍内閣は、「新・3本の矢」のなかの第2の矢で「夢をつむぐ子育て支援」という旗印を高くかかげたがゆえに、「待機児童ゼロ」を求める国民的要求と運動にたいし、正面から向き合わなければならない立場に立たされています。

第2の矢の「子育て支援」にかかわることと同じことは、第3の矢の「介護離職ゼロ」の目標についても言えます。安倍内閣は、みずからかかげた「新・3本の矢」のために、国民的な要求の高まりに対峙せざるをえない構図になっています。これは、「アベノミクスの第2ステージ」の重要な特徴です。

これまでの「アベノミクスの第1ステージ」では、デフレ脱却だとか、景気回復だとか、マクロ的な統計をもとにした議論が中心でした。しかし、「第2ステージ」では、「待機児童ゼロ」とか「介護離職ゼロ」のように、ミクロ的にわかりやすい「的」をめぐる議論になりつつあります。

本書の「はじめに」でも述べたように、安倍首相が急に「アベノミクスは第2ステージ」「一億総活躍社会」「新・3本の矢」などと言い出した思惑は、今年7月の参院選や次の衆院選挙へむけて、①アベノミクスの破綻への国民的な批判をかわすこと、②憲法違反の安保法制（戦争法）への国民的な批判をかわすこと、③安保法制の具体化＝軍事強化路線の実態を国民の目から隠すことなど、さまざまな政治的なねらいがあったと思われます。そのために、安倍内閣は、新聞やテレビなどマスメディアでの議論を、もっぱら「一億総活躍」や「新・3本の矢」に誘導しながら、実はその裏で、安保法制の具体化（自衛隊の海外派兵準備、経済の軍事化）を急ピッチで進めようとしてきました。

同時にまた、安倍内閣は、これまで長年にわたって自民党政権（最近は自公政権）が強行してきた労働法制の改悪や社会保障削減・制度改悪の矛盾の累積によって、深刻な政策的な行き詰まりに直面しています。2010年代に入ってから、いよいよ「人口減少」時代がはじまったということ自体、長年の「少子化」傾向のつけが表面に表われてきたものにほかなりません。

こうした意味では、安倍首相の思惑は、けっしてその意図のようには実現できないでしょう。その象徴的な事例が「保育園落ちた」にはじまる怒りのブログが瞬時に日本全国をかけめぐった事件だったのです。

第2章　安倍内閣の「新・3本の矢」の検討

第2章では、安倍内閣が「ニッポン一億総活躍プラン」を実現するためにかかげた「新・3本の矢」の目標と方策、その実現性などについて検討します。

Ⅰ　「ニッポン一億総活躍プラン」の目標年度とロードマップ（工程表）

「ニッポン一億総活躍プラン」の重要な特徴は、先に序章で述べたように、目標年度の大幅な繰り延べと、それにもとづいて10年間の詳細なロードマップを盛り込んだことです。

「日本にとって最も重要な課題をロードマップにおいて示し、真に効果的な施策に重点化して推進する。ここに盛り込まれた施策のうち、特に急を要するものについては、速やかに実施していくなど、機動的な政策運営を行うことが求められる」（「プラン」7ページ）。

ロードマップで示された「新・３本の矢」のそれぞれの政策内容については、以下、Ⅱ節以降で個々の目標にそって具体的に検討しますが、最初に全体に共通する根本的な問題を指摘しておきます。

それは、ロードマップとして「真に効果的な施策に重点化して推進」とか「速やかに実施」とか「機動的な政策運営」とか、いくら強調しても、その保証はまったくないということです。

「プラン」では、「安定した恒久財源を確保しつつ、施策の充実を検討」などと述べています。しかし、ロードマップの全期間にかかわる10年間の「恒久財源の検討」のゆくえは皆目わかりません。「経済・財政再生計画の枠組みの下で」ということを強調していますが、その計画は「社会保障の自然増を毎年５０００億円削減する計画」です。その意味では、「プラン」の詳細なロードマップは、単なる砂上の楼閣に終わる危険があります。たとえば、焦眉の課題である保育士確保のための賃金引上げ（月６０００円、ベテランは４万円）や介護職員の賃上げ（月１万円）も、２０１７年度の予算に計上すると先延ばししています。返済の必要のない給付型奨学金についても、「検討する」というだけです。

昨秋の「緊急対策」の場合は、その実現のために、２０１５年度補正予算と２０１６年度予算のなかで、一定の「検討結果」が示されていました。それは、「一億総活躍」というには、あまりにも不十分なものでしたが、10年計画の初年度の財源だけは示されていたといえるでしょう（その具体的な内容については、本章で後述する「新・３本の矢」の検討のなかでとりあげます）。

さらにまた「プラン」では、ロードマップをえがくにあたって、これから10年間には「真に効果的な施策に重点化」などと強調していますが、これまで二十数年間の自公政権の施策がいっこうに効果的でなかったのはなぜなのか、これまでの政策の検討を行った気配はまったく感じられません。そのために、従来の自公政権の政策理念やその基本方向を反省して政策転換をするという発想もまったくありません（この点については、第3章で詳しく検討します）。

Ⅱ　第1の矢→「名目GDP600兆円」（希望を生み出す強い経済）

第1の矢（希望を生み出す強い経済）では、「名目GDP600兆円」を目標にかかげています。

1　これまでのアベノミクスへの反省なしの「第2ステージ」

安倍首相は、「これまでの『三本の矢』を束ね、より強固な『希望を生み出す強い経済』という新しい第一の矢を放ちます」と強調しています。つまり「旧・3本の矢」はそのままそっくり「新・3本の矢」のうちの「第1の矢」に継承されているというわけです。

「従来の三本の矢の政策は、経済政策の手段を示すものでありましたが、アベノミクス第2ステージの新『三本の矢』においては、具体的な目標を掲げることにいたしました。第一の矢は、従来の『三本の矢』を強化することによって、戦後最大の経済に向け、GDP600兆円を目指す『強い経済』。その上で人口1億人の維持のため、第二の矢として、国民の希望する出生率1・8を達成するための子育て支援。そして第三の矢として、……介護を理由に仕事を辞める人がゼロになるという社会を創っていくための社会保障という2本の矢を加えることにいたしました」（国連総会出席時のニューヨークでの記者会見、2015年9月29日）。

安倍内閣の経済政策（アベノミクス）の3年半で明らかになったのは、「日本経済の二極化」による「格差の拡大」「貧困の増大」がますます進んだことです。

ＧＤＰ（国内総生産）の統計は、大企業も中小企業も、富裕者も貧困者も、みな十把一からげにして国内総生産の総額を示すものです。大企業の利益が大幅に増え、富裕者の所得が倍に増えれば、貧困者がいっそう貧乏になっても、ＧＤＰは増えることがあります。実際、アベノミクスのもとでは、この3年間に、格差が拡大して貧困が増大してきました。

こうした経済政策の結果への真摯な反省もないまま、マクロ的な集計的統計にすぎない「名目ＧＤＰ６００兆円」を経済政策の最終目標にかかげる発想そのものがおかしいのです。

２「名目値」を目標とすれば、国民の暮しは良くならずに、むしろ悪化する

第1の矢のＧＤＰ６００兆円という目標は、あくまでも「名目値」です。国民の暮らしは少しもよくならないのに、物価だけが2％目標を達成して、それが２０２１年まで続けば、かりに名目ＧＤＰで６００兆円を達成したとしても、国民の実質的な生活はかえって大幅に低下します。実際、安倍政権の3年間に、労働者の実質賃金水準は94・６（２０１5年平均）にまで目減りしてきました（２０１０年＝１００）。

安倍首相は、「この20年間はデフレだったから名目成長できなかった」と言いますが、物価上昇によって名目ＧＤＰを増やしても、国民にとっては迷惑なだけです。安倍内閣の中期の経済見通しどおりに２０１6年度以降の物価上昇率が2％程度になったとすると、２０２1年度には、現在よりも12％以上も物価

水準が上昇していることになります。ＧＤＰの名目値はその分だけ水ぶくれのように増大しますが、国民生活の面から見ると、その分だけ実質所得が目減りするわけです。

３　達成の見込みがなくて目標年度を繰り延べる

第１の矢の目標「ＧＤＰ名目６００兆円」は、これまでアベノミクスの応援団だった銀行や証券会社のエコノミストたちからも、「空手形」のような空虚なもので、「まったく目標に値しない」と酷評されていました。財界人のなかからも「あり得ない数値だ。政治的メッセージとしか思えない」（経済同友会・小林喜光代表幹事の２０１５年９月29日の記者会見。「朝日新聞」の報道による。なお同発言は、経済同友会ホームページの代表幹事会見記録の記事では削除されている）などと実現性に疑問を持たれる始末です。

安倍内閣は、昨秋の「緊急対策」では、「名目ＧＤＰを２０２０年頃に向けて６００兆円に」と明記し、安倍首相もこれまでは繰り返し２０２０年を目標にすると述べてきました。ところが、「ニッポン一億総活躍プラン」では、急に目標年度を２０２１年度に繰り延べました。それでも、政府の試算のうち、これまでの趨勢を前提

２章－図１　政府の試算でも、名目ＧＤＰ600兆円は達成できない

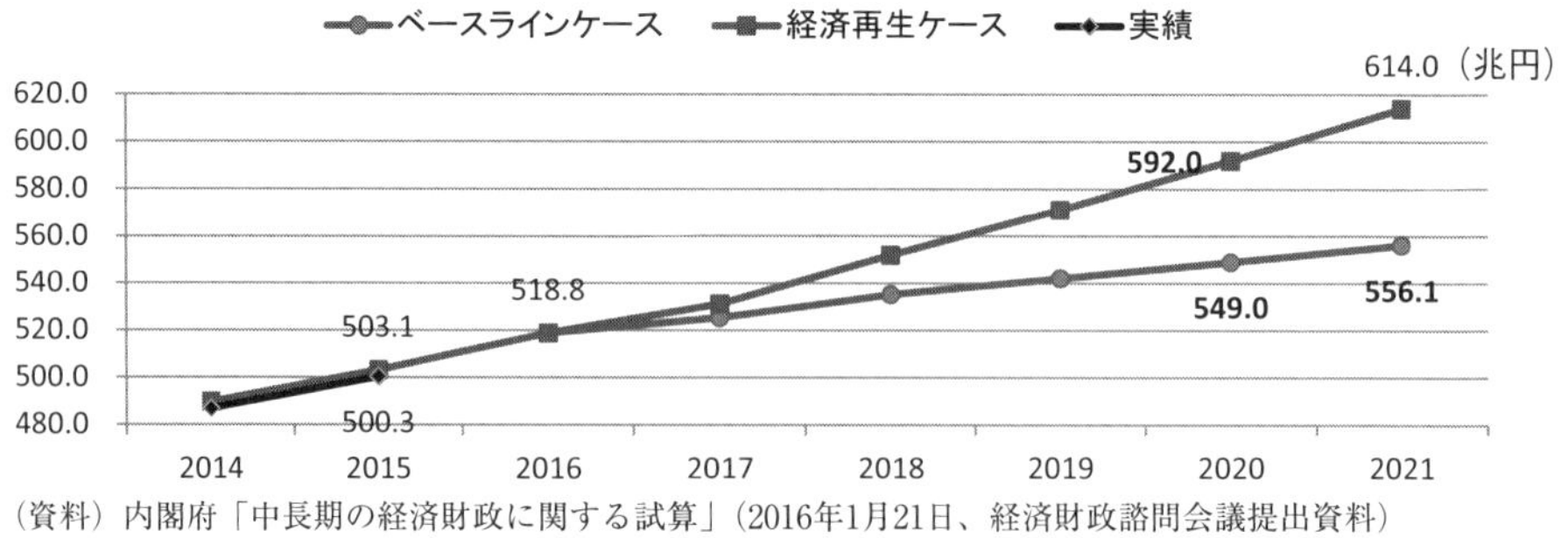

（資料）内閣府「中長期の経済財政に関する試算」（2016年1月21日、経済財政諮問会議提出資料）
2015年の実績は「ＧＤＰ統計速報」（2016年5月18日発表）

にしたベースラインケースの場合は、556・1兆円と、はるかにおよびません（2章図1）。しかも、この試算を提出した後に発表されたGDP統計では、試算の起点である2015年の実績値（500・3兆円）は、早くも試算の前提（503・1兆円）を下回っています。

Ⅲ 第2の矢→「希望出生率1・8」（夢をつむぐ子育て支援）

第2の矢（夢をつむぐ子育て支援）では、「希望出生率1・8」を目標にかかげています。

1 「希望出生率」とはなにか

もともと、国民それぞれの自由な選択にかかわる「出生率」を、政府の「少子化対策」の数値目標にかかげることには政府部内でも異論があり、これまでは歴代政権も「出生率目標」をかかげることは控えてきました。たとえば、安倍内閣が設置した「少子化危機突破タスクフォース（第2期）」の議論の「取りまとめ」の文書（2014年5月26日）のなかでは、「出生率や出生数などの出生に関する数値目標」については、「女性に対して出産を押し付けるかの様なメッセージに捉えられかねない」などの懸念があり、「出生率や出生数等については、特に慎重に議論すべきである」などとされていました。

ところが安倍内閣は、2014年12月27日に閣議決定した「まち・ひと・しごと創生長期ビジョン」のなかで、「国民希望出生率」という〝新しい用語〟を考え出して目標にかかげました（2章表1）。「国民希望出生率」とは、「若い世代の結婚・出産の希望が叶うとした場合に想定される合計特殊出生率」

のことで、別項のような計算式で算出されます。いくつかの数値を掛け合わせて算出するので複雑なようですが、要するにこの計算式が意味することは、「希望出生率は、政府が国民に押しつけるのではなくて、国民自身が希望している目標なのだ」、と言いたいわけでしょう。

ところで、こうした「国民希望出生率」の発想そのものは、安倍内閣が考え出したものではありません。２００７年の政府の社会保障審議会のなかで資料として提起されていた考え方です。しかし、この「国民の希望を反映した出生率」という発想が最初に社会保障審議会の特別部会で議論されたさいには、「これがいわゆる『出生率目標』といった類の数値ではないことについては、十分な留意が必要である」と、明確にくぎをさしていました。（社会保障審議会人口構造の変化に関する特別部会資料「『出生等に対する希望を反映した人口試算』の公表に当たっての人口構造の変化に関する議論の整理」（２００７年1月26日）を参照）

2　出生率１・８を達成したとしても、人口減少はとまらない

安倍内閣は、「新・３本の矢」を説明するさいには、「希望出生率１・８」を達成すれば、将来にわたって「人口1億人」を維持できるかのように描いていますが、それにはなんの証明もありません（この点については、すでに第1章の「Ⅲ『一億総活躍』の人口政策的な課題」で検討しました）。

２章－表１　「国民希望出生率」の計算式

有配偶者割合	×	夫婦の予定子ども数	＋	独身割合	×	独身者の結婚を希望する者の割合	×	独身者の希望子ども数	×	離死別等の影響		国民希望出生率
34%	×	2.07人	＋	66%	×	89%	×	2.12人	×	0.938	⇨	1.83 ≒ 1.8

（出所）『厚生労働白書』（2015年版）、23㌻の計算式より作成。

いずれにせよ「出生率」（合計特殊出生率）は、1984年以来これまで30年間、「1・8」を超えたことは一度もありません。しかも「出生率1・8」を達成したとしても、人口減少を止める前提である「人口置換水準」（2・07）には、はるかに及びません。

日本の深刻な「出生率の低下」と「少子化」現象は、これまでの自公政権の悪政、財界・大企業の利潤第一主義の経営など、日本社会の歪みが「投影」されたものです。低賃金・無権利の非正規雇用の若者を増やし、産みたくても産めない社会にしておいて、出生率が上昇する見込みはありません。

3 「待機児童」増大の原因

最新の『厚生労働白書』（2015年版）は、政府の「少子化対策」の政策的発展が成果を上げつつあると自賛し、「保育所の定員については、利用児童数の変動も踏まえて増加が図られてきており、近年の待機児童数については、2010（平成22）年をピークに減少傾向にある」（同、63ページ）などと述べています。しかし、『白書』が減少傾向にあるという待機児童数については、厚労省は「待機児童」の定義を改定し、みかけだけの〝待機児童減らし〟という姑息なことばかりやってきました。2015年4月にスタートした「子ども・子育て支援新制度」は、「待機児童解消」「子育て支援」のうたい文句ですが、認可保育所を増やすのではなく公費支出を抑え、安上がりな保育で対応する新制度です。これでは待機児童の解消はできません。「子ども・子育て支援新制度」をスタートさせた最初の年に、待機児童数は、2014年4月の2万1371人から15年4月には2万3167人へと5年ぶりに増加に転じました。

しかも、この約2万3千人という数値そのものが、政府が「待機児童数」を小さく見せようと定義を変えてきた結果です。現実にはその数倍に上り、最近やっと厚労省もしぶしぶながら、「育児休業延長者などを含めれば8万人を超える」と発表せざるを得なくなっています。

安倍首相は、国会答弁で「（安倍内閣になって）待機児童が増えたのは、保育所を増やしたが、それ以上に女性の就業者が増大したからだ。これはうれしい悲鳴だ」などと述べています。たしかに、保育所定員は前年比で約15万人分増えていますが、申し込みはそれ以上に増えました。しかし、これはけっして安倍首相が言うように、女性の就業者が増えたからではありません。そこに待機児童増加の「原因」をみるなら、待機児童問題の本質を見誤ってしまいます。

待機児童増大の原因は、明らかに公的な責任による保育所施設の不足と保育士の不足です。とりわけ最大の問題は、保育士の労働条件が悪いために、保育士の資格はあっても現実に働く人材がひじょうに不足していることです。保育士の有効求人倍率は２０１５年11月時点で全国平均で２・０９倍で、とくに東京都ではきわめて深刻な実態です（待機児童問題については、第３章Ⅴ節（４）も参照してください）。

4　まったく不十分な「緊急対策」――思い切った「異次元の子育て支援策」が必要

安倍内閣が「一億総活躍国民会議」の名で２０１５年11月に発表した「緊急対策」では、従来の「子育て支援」の政策項目をかき集めて列挙しただけで、そこにはなんの飛躍的な政策展開もみられません。「緊急対策」を具体化したという触れ込みの２０１５年度補正予算、それに続く２０１６年度本予算をみても、別表に示したように、これまでの「子育て予算」をわずかずつ増やしただけで、とうてい待機児童を解消するだけの対策にはなっていません。安倍内閣は、口を開けば、「緊急対策」では保育の目標を積み増して、

40万人分から50万人分に増やしたと宣伝しています。しかし、これではまったく不十分です。
たとえば、「保育人材の確保」「保育士の給与改善」のために、補正予算で（726億円＋93億円）、2016年度予算で（414億円）、合計1233億円が計上されています。これは、おなじ2016年度に計上されている軍事費のなかの「イージス・システム搭載護衛艦・1隻」の1734億円にも及びません。補正に計上された「待機児童解消加速プラン」の511億円は、「潜水艦・1隻」の636億円、「戦闘機（F－35A）・6機」の1084億円とくらべると、その規模があまりにも不十分だとわかります。

安倍内閣は、保育所要求の運動が急速に全国的な広がりをみせていることに驚いて、今年3月28日に「待機児童解消の緊急対策」を発表しました。しかし、この「緊急対策」なるものも、既存の保育施設の定員拡大による「詰め込み」を中心にした対策ばかりで、肝心の保育士の処遇改善は見送られています。そのあまりにも不十分な内容に、いっせいに批判の声が上がっています。

アベノミクスでは、旧・第1の矢によって、日銀が「異次元の金融緩和」と称して、通貨供給量を飛躍的に増やしてきました。日銀が供給した通貨（ベースマネー）は2013年4月の約150兆円から2016年1月には約355兆円へと2・37倍も膨張しています。「異次元の政策」という点では、通貨供給量ではなく、まさに「子育て支援策」こそ、思い切って「異次元の規模」で増やすことが必要です。こうした「少子化対策」における政策転換については、のちに第5章で、その財源の手当てを含めて提案します（116ページを参照）。

5　安倍首相の「家族モデル」と家族政策

２０１６年度予算案の「少子化対策」で1つの論争点になったのは、三世代住宅の新築・改築への補助の問題でした。住宅の改築のさいに、台所、玄関、風呂、トイレのうち2種類以上を2か所設置するなら最高２５０万円まで補助金を出そうというもので、これによって親子孫の三世代が住む住宅を増やし、子育ての負担を減らして「少子化対策」にしようというものです。しかし、必ずしも三世代居住を義務付けないことから、高所得者向けの税金の無駄遣いになるだけではないかと批判されています。

こうした三世代が一緒に暮らす「家族モデル」は、安倍首相の講演や著作では、理想的な家族像として、たびたび出てきます。たとえば、安倍首相は、「新・３本の矢」の説明として、つぎのように述べています。

「大家族で支え合うライフスタイルも、選択肢として提案していきたい」「例えば、皆さんも御存じのマンガ『サザエさん』を思い浮かべて下さい。親と娘夫婦が同居する『マスオさん』スタイルです。………タラちゃんも、大家族に囲まれ、のびのびと成長できます」（内外情勢調査会全国懇談会での安倍首相のスピーチ、２０１５年12月14日）。

また安倍首相は、著書『美しい国』（文春新書、２０１３年1月）のなかでは、一方では「家族には多様なかたちがあっていい」と言いながら、他方では「家庭科の教科書などで、『典型的な家族のモデル』を示すべきだ」と、次のように主張しています。

「同棲、離婚家庭、再婚家族、シングルマザー、同性愛のカップル、……どれも家族だ、と教科書は教える。そこでは、父と母がいて子どもがいる、ごくふつうの家族は、いろいろあるパターンのなかのひとつにすぎないのだ。たしかに家族にはさまざまなかたちがあるのが現実だし、あっていい。しかし、子どもたちにしっかりした家族のモデルを示すのは、教育の使命ではないだろうか」（安倍晋三『美しい国』218～219ページ）

こうした安倍首相的な「家族モデル」は、古い「性的役割分業型家族観」を前提としています。しかし、現代日本社会の問題は、安倍首相的な家族モデルから排除され、無権利劣悪な労働条件で働かざるを得ない女性たちが増大するなかで、とりわけ若い女性の貧困、新たな形態の「女性の貧困」が深まっていることです。それが現在の日本の「少子化」の急速な進行の背景の1つになっています。この点については、次の第3章で、あらためて検討します。

Ⅳ　第3の矢→「介護離職ゼロ」（安心につながる社会保障）

第3の矢（安心につながる社会保障）では、「介護離職ゼロ」の目標をかかげています。

1　介護保険制度の大改悪

家族の介護のために仕事を辞める介護離職者は、2013年には前年比41％増の9万3000人、5年前の2倍に膨らんでいます。家族の介護をする社員は、2022年までには倍増するという推計もされています。

繰り返し述べたように、「介護離職ゼロ」の目標自体は、国民の願いであり、安倍内閣が本気で全力でそのための対策を推進するのならば、それに反対するいわれはありません。

しかし、安倍内閣は、「自助努力」の名で高齢者や家族に負担増と給付減を強いる介護保険制度の大改悪を強行してきました。特別養護老人ホームの入所条件を制限し、家族に介護の重荷を強いる改悪を実施してきました。介護報酬を過去最大規模で引き下げた結果、経営が成り立たずに閉鎖・休止に追い込まれる事業所が急増しています。担い手の介護職員の処遇改善もできず、人手不足に拍車をかけています。

もし、安倍内閣が真剣に「介護離職ゼロ」をかかげて、「安心につながる社会保障」をめざすというなら、まっさきに行うべきなのは、これまでの介護保険制度の大改悪路線を根本的に転換することです。

2 「緊急対策」関連の予算（2016年度）の増加は、わずかに108億円

安倍内閣は「一億総活躍国民会議」の「緊急対策」で、「介護離職ゼロ」にむけ介護施設などを「50万人分」増やすとしています。しかし「介護労働実態調査」（2014年度）によると、介護事業所の60％が職員不足と回答しています。介護施設の慢性的な職員不足の最大の原因は、介護報酬の引き下げです。介護職員の数は2012年度には149万人と推計されていますが、厚労省は、2025年度には253万人が必要となり、約37・7万人の介護人材不足になると試算しています（厚労省「2025年に向けた介護人材にかかる需給推計（確定値）」2015年6月24日）。その場合、「人手不足」のために、「介護離職ゼロ」どころか、介護施設で介護をする職員が足りずに、介護施設の閉鎖、受け入れ制限する施設が続出するこ

とになりかねません。

別表（2章表2）は、「緊急対策」に盛り込まれた「介護離職ゼロ」に直結する施策が補正予算と２０１６年度予算でどのように財政的裏付けをもって具体化されたか、を示しています。補正で５２５９億円が計上されていますが、そのうち３６２４億円は、アベノミクスの「成果」を低年金者に分かち与えるという名目で、１人当たり3万円をばらまく「年金生活者等支援臨時福祉給付金」であり、それを除くと１６３５億円です。２０１６年度予算では１４６５億円にすぎません。前年度比では、「臨時福祉給付金」（４５０億円）を除くと、わずかに１０８億円増です。ここでも、「子育て支援」でみたように、これはイージス艦一隻分（１７３４億円）の16分の1にも及びません。いったいこれで「介護離職ゼロ」が実現できるのか。まったく不十分だといわなければなりません。

もし本当に真剣に「介護離職ゼロ」をめざすなら、「子育て支援」と同じように、ここでも「異次元の政策」が必要です。思い切った異次元の予算増額によって、介護施設、介護サービス、介護人材の３つの方向でバランスのとれた対策を飛躍的に強化する必要があります。

３　「高齢者対策」を削り、「少子化対策」へ回すという危険な発想

安倍首相は、「新・３本の矢」の第3の矢の「介護離職ゼロ」は、「安心につながる社会保障」政策の実現によって達成すると説明しています（2章表3）。

「第三の矢は、『安心』につながる『社会保障』の構築です。社会保障は、高齢者の皆さんのみならず、現役

２章―表２　「一億総活躍社会の実現に向けて緊急に実施すべき対策」（2015年11月26日）

新・第２の矢 ⇒「希望出生率１．８」に直結する緊急対策

■出産後・子育て中も就業が可能な多様な保育サービスの充実
・「待機児童解消加速化プラン」に基づく認可保育所等の整備を前倒し。
（平成29年度末までの整備拡大量：40万人分→50万人分）【特に緊急対応】
・小規模保育事業所等の整備を支援。【特に緊急対応】
・事業所内保育所など企業主導型の保育所の整備・運営等の推進を平成28年度予算編成過程で検討。
・保育士の資格取得を支援、保育補助者の雇用により勤務環境を改善、ICT活用により業務を効率化、朝夕の保育士配置要件を弾力化。
■子育てを家族で支え合える三世代同居・近居がしやすい環境づくり
■希望する教育を受けることを阻む経済事情など様々な制約の克服
・幼児教育の無償化を段階的に推進。
・高等教育に係る奨学金を充実、「所得連動返還型奨学金制度」導入に向け取り組む。
・様々な原因で既存の学校に馴染めなかった子供たちへの複線的な教育機会を確保。
■子育てが困難な状況にある家族・子供等への配慮・対策等の強化
・「ひとり親家庭・多子世帯等自立応援プロジェクト」を推進、児童扶養手当の機能を充実。

《予算措置》

2015年度補正予算

（億円）

○ 不妊治療への助成拡充	7
○ 地域における結婚に向けた活動の支援等	36
○ 小児・周産期医療体制の整備促進	20
○ 「待機児童解消加速化プラン」の推進	511
○ 保育士確保対策の推進	726
○ 保育士の給与体系の見直し	93
○ 三世代同居・近居促進	161
○ 学校施設等の耐震化、トイレ・空調整備等	438
○ 子供の未来応援地域ネットワーク形成支援等	25
○ ひとり親家庭等の支援	117
○ 児童虐待防止対策の強化	91
小計	2,225

2016年度予算

（億円）

○ 幼児教育の無償化（★１）	126	新規（126）
○ 教育費の負担軽減（★２）	1,417	（＋197）
○ 児童扶養手当の機能充実（★３）	1,746	（＋28）
○ キャリアップ助成金の拡充	410	（＋189）
○ ニート・フリタ等の就労・の就労・雇用安定化支援	75	（±0）
○ 地域における結婚に向けた活動の支援	5	新規（5）
○ 不妊治療への助成拡充	158	（＋27）
○ 妊娠期から子育てまでの切れ目ない支援	28	（＋7）
○ 多様な保育サービスの充実（企業主導型保育事等）	835	新規（835）
○ 保育人材の確保・育成	414	（＋349）
○ 三世代同居の推進 ※	150	（＋21）
★ ひとり親家庭・多子世帯への支援（★１～３を含めると3,436）	147	（＋54）
○ 児童虐待防止策	64	（＋26）
小計	5,575	（+1,864）

世代の『安心』も確保するものでなければならない。そうした観点で、社会保障制度の改革・充実を進めてまいります」（9月24日の自民党本部での安倍首相の演説）。

社会保障は、高齢者だけでなく、現役世代の「安心」も確保しなければならない、ということは、当然と言えば当然ですが、最近の「少子化対策」で議論されていることと結びつけて考えると、よく吟味するべき問題を含んでいます。というのは、フランスやスウェーデンなどの出生率上昇に成功している諸国の経験を引き合いに出して、日本の社会保障支出は高齢者対策に偏りすぎている、もっと「少子化対策」（子育てなど家族政策）へ財政支出をシフト（振り替え）するべきだという主張が強くなっているからです。たとえば、政府の経済財政諮問会議の下で50年先を見すえた課題を話しあう専門調査会として設置された「選択する未来委員会」の提言（２０１４年11月14日）では、次のように述べています。

「少子化対策（家族関係支出）については、２０２０年頃を目途に早期の倍増を目指す。……社会保障の柱としてしっかりと位置付け、その上で、医療、介護をはじめとする効率化・重点化、資源配分の重点の高齢者から子どもへのシフト、社会保障制度全体として受益と負担の均衡のとれた制度に再構築するための骨太な検討などにより、必要な財源を確保していく」。

このように「少子化対策」を倍増するためには、資源配分の重点を高齢者からシフトせよ、受益と負担の制度を再構築せよ、と明言しています。

２章—表３　「一億総活躍社会の実現に向けて緊急に実施すべき対策」(2015年11月26日)

新・第３の矢 ⇒「介護離職ゼロ」に直結する緊急対策

■高齢者の利用ニーズに対応した介護サービス基盤の確保
・介護施設、在宅サービス及びサービス付き高齢者向け住宅の整備量を約12万人分前倒し・上乗せし、約50万人分以上に拡大。【特に緊急対応】
・都市部における国有地の更なる活用や用地確保に係る負担を軽減。【特に緊急対応】
・サービス付き高齢者向け住宅の整備を加速。【特に緊急対策】
■求められる介護サービスを提供するための人材の育成・確保、生産性向上
・介護福祉士を目指す学生等への返還免除付き学費貸付の対象を大幅に拡大。【特に緊急対策】
・介護ロボットの活用により介護人材の負担を軽減。
・ICT活用や作成文書量の半減などにより事務負担を軽減、業務プロセスを改善。
■介護する家族の不安や悩みに応える相談機能の強化・支援体制の充実
・介護に取り組む家族のための総合的な相談機能を地域・職域を通じて強化。
・介護と仕事の両立についてもケアマネジャー(介護支援専門員)が助言できる体制を整備。
・介護保険制度の内容や手続きを住民へ周知徹底。
■介護に取り組む家族が介護休業・介護休暇を取得しやすい職場環境の整備
・介護休業93日を分割取得できるよう制度見直しを検討。
・介護休暇についてもより柔軟に取得可能となるよう制度見直しを検討。
・介護休業給付水準の引上げを検討（40%→67%)。
■元気で豊かな老後を送れる健康寿命の延伸に向けた機能強化
・国保等の先進的なデータヘルスの取組の全国的な横展開を通じ、生活習慣病等の重症化を予防。
・市町村の効果的な介護予防等の取組の先進事例を横展開。
■生きがいを持って社会参加したい高齢者のための多様な就労機会の確保、経済的自立に向けた支援
・雇用保険の適用年齢の見直しを検討。
・生涯活躍のまち構想について必要な法制を含む制度化を検討。
・シルバー人材センターの「臨時的」・「短期的」・「軽易」という業務範囲限定の要件を緩和。

《予算措置》

2015年度補正予算

（億円）

○ 在宅・施設サービスの整備の充実・加速化	922
○ サービス付き高齢者向け住宅	189
○ 介護施設整備への国有地活用	20
○ 介護人材の確保	444
○ 障害者施設の整備	60
○ 年金生活者等支援臨時福祉給付金（再掲）	3,624
小計	5,259

2016年度予算

（億円）

○ 高齢者の就労・起業支援強化	40	（+13）
○ 介護施設・在宅サービスの整備	423	（±0）
○ サービス付き高齢者向け住宅の整備 ※	320	（±0）
○ 介護人材の確保・育成	163	（+65）
○ 介護に取り組む家族のため総合的な相談体制整備	16	（+2）
○ 介護休業給付の増額	44	（+23）
○ 健康寿命延伸に向けた取組推進	9	（+5）
○ 年金 生活者等支援臨時福祉給付（再掲）	450	新規（450）
小計	1,465	(+558)

こうした論調は財界の提言では、たえず繰り返されています。また、『厚生労働白書』（2015年版）でも、「日本の政府の社会支出は、家族関係支出の割合が低く高齢支出の割合が高い」ということを、各国の統計指標の図表を使って強調しています。しかし、第3の矢の「介護離職ゼロ」を実現するためには、介護対策をはじめ、高齢者対策のいっそうの充実が不可欠です。もし真剣に「介護離職ゼロ」をめざすなら、「資源配分を高齢者から子どもへシフトする」など、考えられません。

もともと、日本の高齢者対策の比率が外国より高いのは、日本の高齢化率が急速に高まってきたことを反映しているのであり、「少子化対策」の比率が相対的に低いのは、政府が本格的に取り組んでこなかったことを示しているだけです。「高齢者対策」と「少子化対策」を安易にトレードオフ（二律背反）ととらえて、「資源配分のシフト」を推進することは、社会保障政策として邪道であると言わねばなりません。

Ⅴ　安倍首相の言う「働き方改革」は、だれのためなのか

1　「一億総活躍」の最重要課題としての「働き方改革」

序章でみたように、安倍首相は、2016年の施政方針演説のなかの「一億総活躍」の項の冒頭で、「多様な働き方改革」をとりあげ、次のような「改革課題」を列挙しています。

①画一的な労働時間、労働制度の改革、フレックスタイム制度の拡充。②時間ではなく成果で評価する労働制度。③時間外労働への割増賃金の引上げなど長時間労働の抑制。④年次有給休暇の取得による働き

過ぎの防止。⑤女性が活躍できる社会づくり。⑥妊娠や出産、育児休業などへの嫌がらせ、「マタハラ」防止の義務付け。⑦男性の育児休業促進への助成。⑧障害者総合支援法の改正、障害者の自立、職場への定着、就業継続への支援。⑨非正規雇用の均衡待遇の確保。⑩短時間労働者への被用者保険の適用拡大。⑪正社員化や処遇改善を進める事業者へのキャリアアップ助成金の拡充。⑫原則一年以上働く契約社員に育児休業、介護休業。⑬「ニッポン一億総活躍プラン」では、同一労働同一賃金の実現に踏み込む。

さまざまな課題があげられていますが、このなかには国民的な立場から推進すべきものも、また安易に賛成できないものも、いろいろと含まれています。ここでは個々の課題について論評するのでなく、「働き方改革」という考え方、その基本的理念について検討しておきましょう。

2 「働き方改革」は、すでに十数年前からの課題

最初に明らかにしておかねばならないことは、安倍首相が「最も重要な課題」にかかげている「働き方改革」という課題は、いまにはじまったことではないということです。

これまでの歴代自公政権のなかで、「働き方改革」による「多様な働き方の実現」ということを独自に取り上げ、「働き方改革」こそ「少子化対策」の要であると強く主張したのは、2002年9月の「少子化対策プラスワン」の政策でした。それ以来、十数年にわたる政府の「少子化対策」のなかでは、「働き方改革」が大事だということが繰り返し主張されてきています。

ですから、いま大事なことは、十数年も前から「働き方改革」をかかげてきたのに、なぜそれが実現していないのか、何がそれを阻んでいるのか、その原因を解明し、その障害を取り除くことです。これこそ

求められている課題なのです。この点については、後述の第3章Ⅲ節で詳しく検討するので、ここでは、指摘するだけにとどめておきましょう。

3　子どもも生めない、介護離職せざるを得ない、異常な「働かせ方」こそ変える必要がある

次に、そもそも資本主義社会においては国民の「働き方」は、資本による労働者の「働かせ方」によって決まるという冷厳な現実があるということです。どんなに自分の事情に応じた「多様な働き方」がしたくても、よっぽど特別な才能をもっていないかぎり、そう簡単に自由な「働き方」を選べるものではありません。資本主義社会では、一般的には、資本による「働かせ方」が独立変数であり、庶民の「働き方」はあくまでも従属変数です。

現実に２０１５年の日本の就業者総数（６３７６万人）のうち、雇われて働いている人（雇用者）は５６４０万人で、そのほかに働きたくても仕事に就けない完全失業者が２２２万人もいます。ちなみに雇用者のうち、パートタイマー、派遣社員、期間工、臨時職員、アルバイトなどの非正規雇用者は１９８０万人（男性＝６３４万人、女性＝１３４５万人）にも増大しています。

国民の「働き方改革」のためには、異常な「働かせ方改革」が前提になるということを、しっかりと認識しておく必要があります。資本側の都合で、低賃金・無権利の非正規雇用を拡大し、介護離職を急増させてきたのは、財界・大企業の責任だからです。

4 「ワーク・ライフ・バランス」に必要なのは「ディーセント・ワーク」の実現

安倍内閣が決定した「少子化社会対策大綱」（2015年3月）では、「ワーク・ライフ・バランスの確保」のために、夫の家事・育児時間をフランスやスウェーデンなみに、2020年までに2時間半に増やすという目標をかかげて、そのためには国民の意識改革が必要だとしています。たしかに「ワーク・ライフ・バランス」を実現するには、国民一人ひとり、とりわけ夫の側の意識改革が必要になるでしょう。

しかし、日本において、ワークとライフの〝バランス〟の歪みをつくり出しているのは、まさに〝ワーク〟の歪みにあり、〝ワーク〟の歪みを正すことこそ不可欠の課題です。

「ワーク・ライフ・バランスの確保」をめざすために、なによりも前提とすべきことは、ILO（国際労働機関）が提起している「ディーセント・ワーク」（decent work 人間らしい働きがいのある仕事と生活）の実現です。「ディーセント・ワーク」の実現こそ、企業として「働き方改革」に貢献するためのもっとも有効な方法です。

5 政府の「ガイドライン」や「助成」では、賃金格差の是正は実現しない

「ニッポン一億総活躍プラン」では、正規社員と非正規社員の賃金格差を是正して、欧州並みの7～8割にするために、パート労働者などの賃金の引き上げを図るとしています。しかし、その具体的な方策としては、通勤手当や出張経費の支給額をそろえるための「ガイドライン」を作るとか、パートタイム労働法や労働契約法などを改正して、労働者の技能など「熟練度」を賃金に反映しやすくし、実施する企業に「助成金」を支給するとしか、書いてありません。「賃金格差を欧米並みの7～8割に」という「ガイドラ

イン」を策定しても、実際に賃金を決めるのは企業ですから、政府の目標にはなんの保障もありません。

財界・大企業の賃金政策からいえば、これまで一貫して総額人件費の削減を追求してきたわけですから、政府の「ガイドライン」や、わずかな「助成金」で賃金格差が是正される可能性はまったくないといってもよいでしょう。むしろ逆に警戒すべきことは、「同一労働同一賃金」や「非正規との格差是正」を口実にして、短時間勤務の正社員制度や地域限定正社員の仕組みを拡大し、正規社員の大幅賃下げ・待遇切下げを強行することによって、総額人件費をいっそう削減してくる危険です。

6 「同一労働同一賃金」めぐる2つの賃金論

「ニッポン一億総活躍プラン」では、「働き方改革」の最重要課題は「同一労働同一賃金」の実現だとしています。安倍内閣が「同一労働同一賃金」のためのどのような法改正を行うのか、その内容は具体案が公表されるのを待つ必要があります。ここでは、「同一労働同一賃金」を考えるための経済理論（賃金論）の基本点だけ指摘しておきましょう（2章図2）。

「同一労働同一賃金」の原則は、資本と労働の2つの異なった立場の賃金論に規定されて、同じような「同一労働同一賃金」の表現のもとで、内容的には2つの違った意味で使われています。

第1に、ほんらいの「同一労働同一賃金」の要求は、労働者が資本家による労働者間の不当な差別・格差を利用した搾取強化にたいして、賃金差別をなくさせるための労働基準要求として、国際的に確立した原則です。資本による搾取強化の手段としての賃金差別にたいして、労働者は生活できる賃金を誰もが公正に受け取る権利があるという労働者の連帯したたたかいの要求基準として、「同一労働同一賃金」は歴史的に重要な役割をはたしてきました。
第2に、「同一労働同一賃金」の原則は、賃金の格差、不当な差別をやめさせる課題であり、それは職務給、成果主義賃金、年功賃金など、賃金形態や賃金支払いの慣行がどのようなものであっても、ただちに実現しなければならないということです。財界が「日本は欧州などと違って産業横断的な職務給になっていないから同一労働同一賃金は無理だ」というのは、不当な賃金格差、賃金差別を続けるための口実にすぎません。

第3に、資本の立場からは、労働の限界生産物の限界費用によって賃金が決まるという近代経済学（新古典派経済学）の賃金論にもとづいて、労働の生産性にみあった「同一労働同一賃金」という主張が行われてきました（このような近代経済学の賃金論の立場からの「同一労働同一賃金」論を解説したものとして、八代尚弘『労働市場改革の経済学』東洋経済新報社、2009年、とくにその「第2章　非正社員問題とは何か――同一労働・同一賃金の徹底を」を参照）。この場合、同じ「同一労働同一賃金」といっても、その本来の趣旨とはまったく正反対に、総額人件費を徹底的に抑制しながら生産性の引き上げを促進するための方法という意味をもっています。たとえば、「日経新聞」は、安倍首相の「同一労働同一賃金」論にたいして、「生産性の視点が要る『同一労働同一賃金』」という表題の社説を掲載しましたが、そのなかで、次のように主張しています。

2章―図2　2つの賃金論と「同一労働同一賃金」

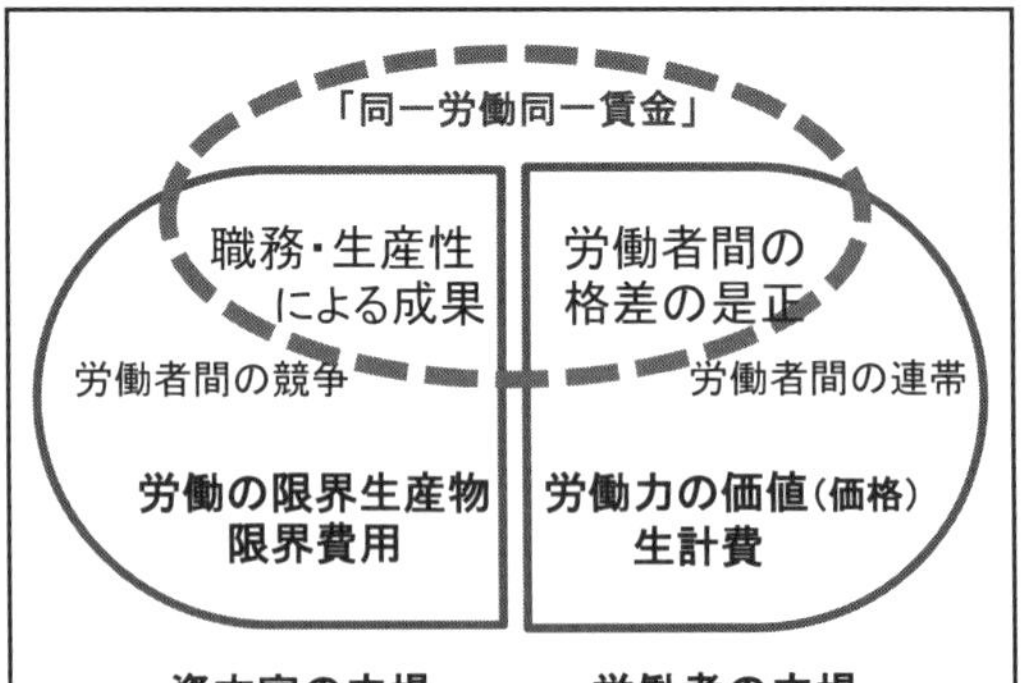

「政府の言う同一労働同一賃金の意味はいまひとつはっきりしないが、賃金の決め方で重要なのは、その人がどれだけ付加価値を生んでいるかという生産性の視点である。生産性の高い人には高い賃金を払うという原則を、今後の政策で明確にしてもらいたい」(同紙、2016年2月22日)。

労働者・国民にとって警戒しなければならないのは、これから安倍内閣が「同一労働同一賃金」の政策を具体化するさいに、「同一労働同一賃金」の名のもとに、非正規社員の一定の待遇改善とひきかえに、正社員の労働条件の大幅な引き下げ、つまり下方平準化による「格差是正」を強行してくることです。こうした試みには厳しく反対し、ほんらいの意味での「同一労働同一賃金」、不当な格差を是正させるという意味での「同一労働同一賃金」にもとづく法整備などを積極的に実現させることが必要です。

最後に、働く者の立場から、真の意味での「同一労働同一賃金」の原則を実現するためには、賃金格差の実態の分析、職務給や年功賃金との関係、「同一労働同一賃金」の法制化の問題、労働条件全体の均等待遇の問題など、さまざまな問題があります。本節では、財界などの「同一労働同一賃金」論を批判するために、その理論的な背景にある「資本家の立場からの賃金論」とのかかわりを中心にとりあげました。なお、働く者の立場から、「同一労働同一賃金」の意味をいっそう深くつかむために、次の論文を参考文献として紹介しておきます。①牧野富夫「『一億総活躍社会』と『同一労働同一賃金』を考える」(『経済』2016年6月号)、②筒井晴彦「賃金格差是正と均等待遇を実現する」(『前衛』2016年6月号)。

Ⅵ 「新・3本の矢」は、トリレンマに陥り、破綻する

これまでは、安倍首相の「新・3本の矢」の政策的な内容とその効果について、個々の「矢」ごとにみてきました。しかし、それぞれの「矢」の個別的な問題だけではありません。「新・3本の矢」を全体としてみると、相互にちぐはぐで整合性のない関係が見えてきます（2章図3）。

2つのことを同時には達成できないで二者択一を迫られることをジレンマと言いますが、同じように三者択一を迫られることをトリレンマと言います。安倍内閣の「一億総活躍社会」の「新・3本の矢」は、それぞれの矢が「的」に届く見込みがないだけでなく、3本の矢が相互にトリレンマの関係にあります。

本書では、先に序章Ⅱ節で、「生産性革命を実現する規制・制度改革」と「働き方改革」とはトレードオフの関係にあるのではないのか、と指摘しました。

２章ー図３

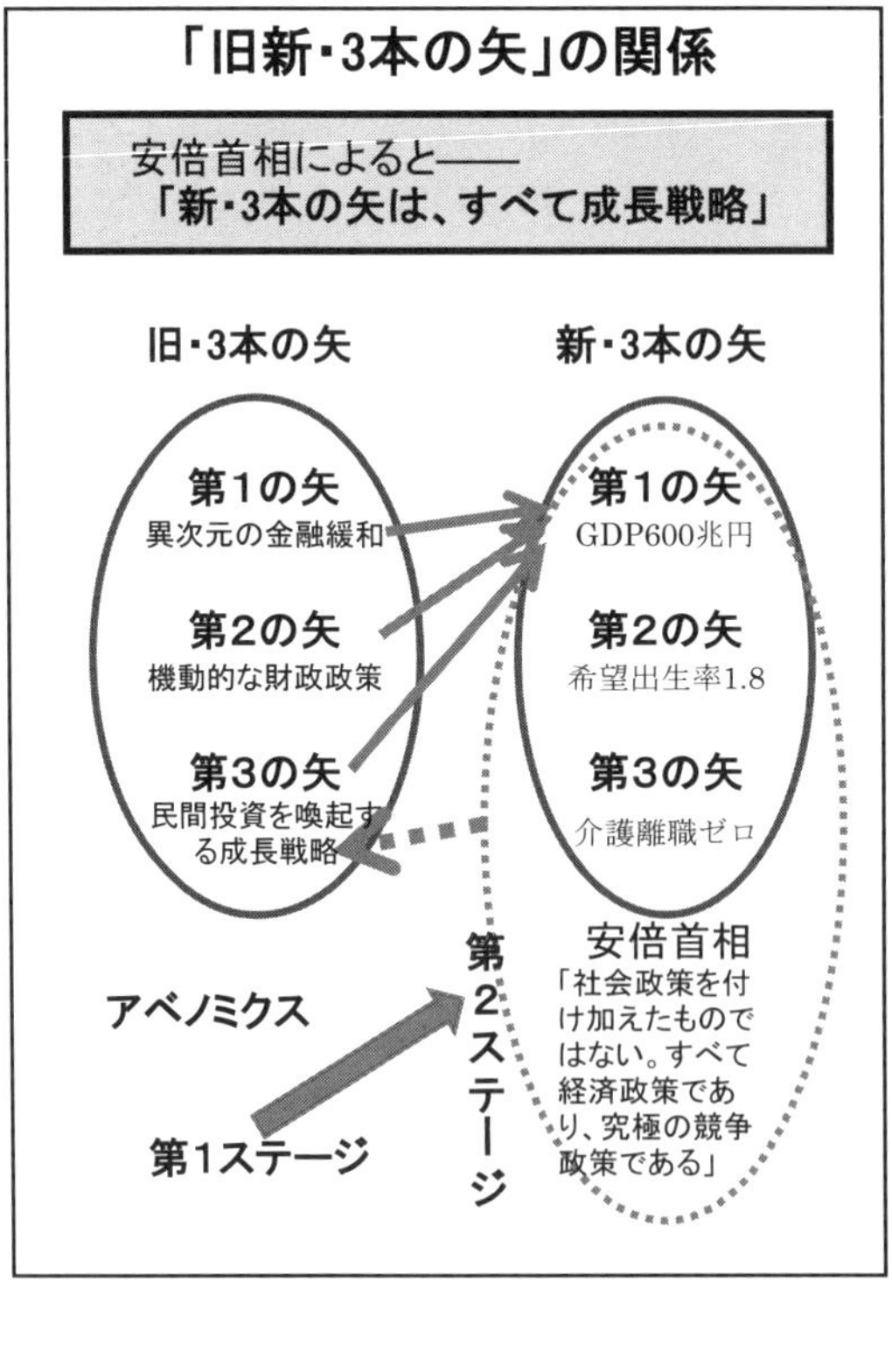

「ニッポン一億総活躍プラン」では、「戦後最大となるＧＤＰ６００兆円を確実に実現するためには、……民間投資を促進する必要がある」として、「事業者目線で事業コストを徹底的に削減し、生産性を向上させるため、規制改革、行政手続きの簡素化、ＩＴ化を一体的に進める」と述べ、さらに「人口減少下における供給制約を克服するためには、生産性を抜本的に向上させるしかない。このため、生産性革命を実現する規制・制度改革のあり方を見直し、……」などと強調しています。

つまり、「新・第1の矢」（ＧＤＰ６００兆円）のために労働法制の規制緩和を進めれば進めるほど、それは「働き方改革」に逆行し、「新・第2の矢」や「新・第3の矢」の「少子高齢化対策」と矛盾するのではないのか。「新・３本の矢」は、深刻なトリレンマに陥るのではないのか。

安倍首相自身は、「新・３本の矢」の相互の関係について、こう述べています。

「一見すると、新・三本の矢は、これまでの『経済政策』の矢に、出生率と社会保障という2本の『社会政策』の矢が加わったように見えますが、三本すべてが、実は、アベノミクスの『経済政策』であります」（内外情勢調査会全国懇談会でのスピーチ、２０１５年12月14日）。

「新・三本の矢は、三つすべてが揃っていないと意味がない。まさに毛利元就の『三矢の教え』さながらに、三本あわせて『究極の成長戦略』となるものであります」（同）。

つまり、安倍首相の説明では、「新・３本の矢」すべてが「究極の成長戦略」であり、「アベノミクスの第２ステージ」であるというわけです。

しかし、日本の「少子高齢化社会」対策、50年後をも見越した人口政策という国民的な課題に取り組もうと言うのに、はたして「アベノミクスの第2ステージ」などという設定でよいのか。ここに、根本的な疑問が生まれます。

先に第1章で、「一億総活躍社会」という政策課題の設定には、本来は慎重に区分しつつ検討せねばならない2つの意味の「1億」が、混然一体のものとして取り扱われていると指摘しておきました。しかし、安倍内閣の「ニッポン一億総活躍プラン」では、それが具体化されればされるほど、結局のところ「新・3本の矢」のすべてがアベノミクスという経済政策、「究極の成長戦略」に集約されてしまうのです。

ここには、「少子化対策」をアベノミクスというすでに破綻した狭隘な経済政策の枠組みからしか発想できない安倍首相および安倍内閣・自公政権の政策思想の救いがたい愚かしさが現われています。

第3章　これまで歴代政権の「少子化対策」——なぜ効果があがらなかったのか

Ⅰ　これまでの「少子化対策」の変遷——自公政権の「少子化」対策は、「着実に前進」などと言えるか

安倍首相は、長期的な国家的課題として人口政策に取り組むのは「安倍政権が史上初めて」などと繰り返して述べています。しかし、日本の政府が「少子化」や「人口減少」の問題に危機感をもちはじめてから、すでに20年以上になります。日本では１９８９年の出生率１・57ショック（１９９０年６月に発表）をきっかけにして、１９９０年代から「少子化対策」がはじまりましたが、政府が本格的に取り組み始めたのは、２０００年代に入ってからでした（3章図1）。

小泉内閣・自公政権（２００1年4月～２００６年9月）の時代に「少子化社会対策基本法」（２００3年）が成立し、少子化社会対策会議によって策定された「少子化社会対策大綱」（２００4年6月）が閣議決定されました。「少子化社会対策基本法」にもとづいて発表された『少子化社会白書』（のちに『子ども・子育て白書』、『少子化社会対策白書』などと改名）も、すでに最新の２０１５年版で12冊を数えます。それい

3章－図1　政府の「少子化対策」の経過

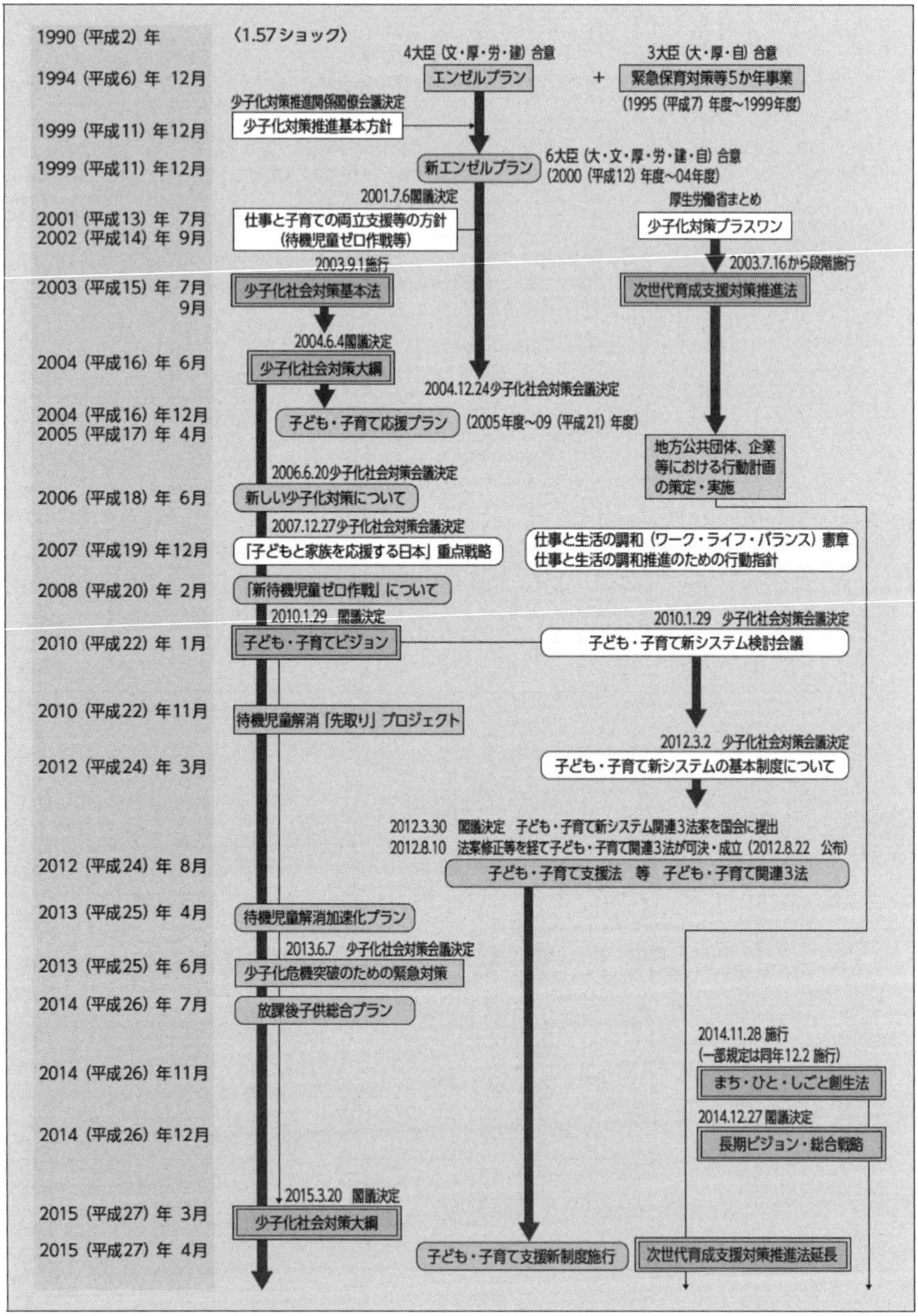

（出所）『厚生労働白書』（2015年版）

らい、すでに十数年になりますが、「少子化」傾向はいっこうに転換する兆しはみえません。2005年に出生率が1・26にまで低下してから、その後はやや上昇し、最近では1・4台に回復していますが、人口置換水準（2・07）には、はるかに及びません。

人口減少が現実にすすみはじめた2010年代に入ってからは、「少子化」への危機感はいっそう強まり、安倍内閣の少子化社会対策会議が「少子化危機突破緊急対策」（2013年6月7日）、全国知事会も「少子化非常事態宣言」（2014年7月15日）を発表しました。

2015年版『厚生労働白書』は「人口減少社会を考える」を特集して、今日までの政府の「少子化社会対策」の政策・閣議決定の経過を別表のようにまとめています。これをみると、この20年間にさまざまな名称で、組織や法律がつくられ、なんとかして「少子化」傾向に歯止めをかけようとしてきたことがわかります。

『厚生労働白書』の特集では、これまでの「少子化対策」の歴史を概観した後で、次の2点を政府の取り組みの発展としてあげています。

第1に、一部の関係部門だけの問題から「政府全体で対応」する体制に変わったこと。

第2に、取組方針の目標が「より広範かつ詳細な項目」へ変わったこと。

2000年以降の歴代自公政権による「少子化対策」が、関係部門だけでなく「政府全体で対応」する体制に変わり、取組方針の目標が「より広範かつ詳細な項目」へ発展してきたことは、たしかにその通りだと言ってもよいでしょう。にもかかわらず、「少子化」の流れには歯止めがかかっていません。それはなぜなのでしょうか。

Ⅱ 「少子化対策」の効果があがらなかったことの原因解明が重要

安倍首相の「新・3本の矢」をはじめ、政府や財界の「少子化」に関する文献を読んでいると、「少子化は社会全体の問題である」という趣旨の文言がいやというほど出てきます。「少子化は社会全体の問題である」――たしかに、その通りです。しかし、安倍首相や財界が、「少子化は社会全体の課題である」と強調することは、「少子化」と「人口減少」の社会経済的な原因の解明を行わないこと、「少子化」と「人口減少」の客観的な分析の欠如と結びついています。いわば「少子化は社会全体の問題」という「一億総《そう》懺悔《ざんげ》」的な前口上によって、結果的に「少子化」問題の真の原因の解明と責任の所在を探究することを回避する結果になっています。

現実に政府の「少子化」問題の現状認識をまとめた内閣府の『少子化社会白書』を見ると、これまで発行された12冊の各年版のなかで「なぜ少子化が進行しているのか」という「少子化の原因」について分析しているのは、第1回の2004年版だけです。第2回目以降は、「少子化の現状」と「対策の現状」の説明に終始しています。

しかも、その第1回の「少子化の原因」の分析も、別図の「少子化フローチャート」（3章図2）に示されるように、その原因論の視野はきわめて現象的なものにとどまっています。このフローチャートによると、少子化の原因としては「未婚化の進展」「晩婚化の進展」「夫婦の出生力の低下」の3つがあげられています。またフローチャートには、3つの原因の「要因」として、21項目のさまざまな問題が列挙され

３章－図２　政府のえがく「少子化フローチャート」

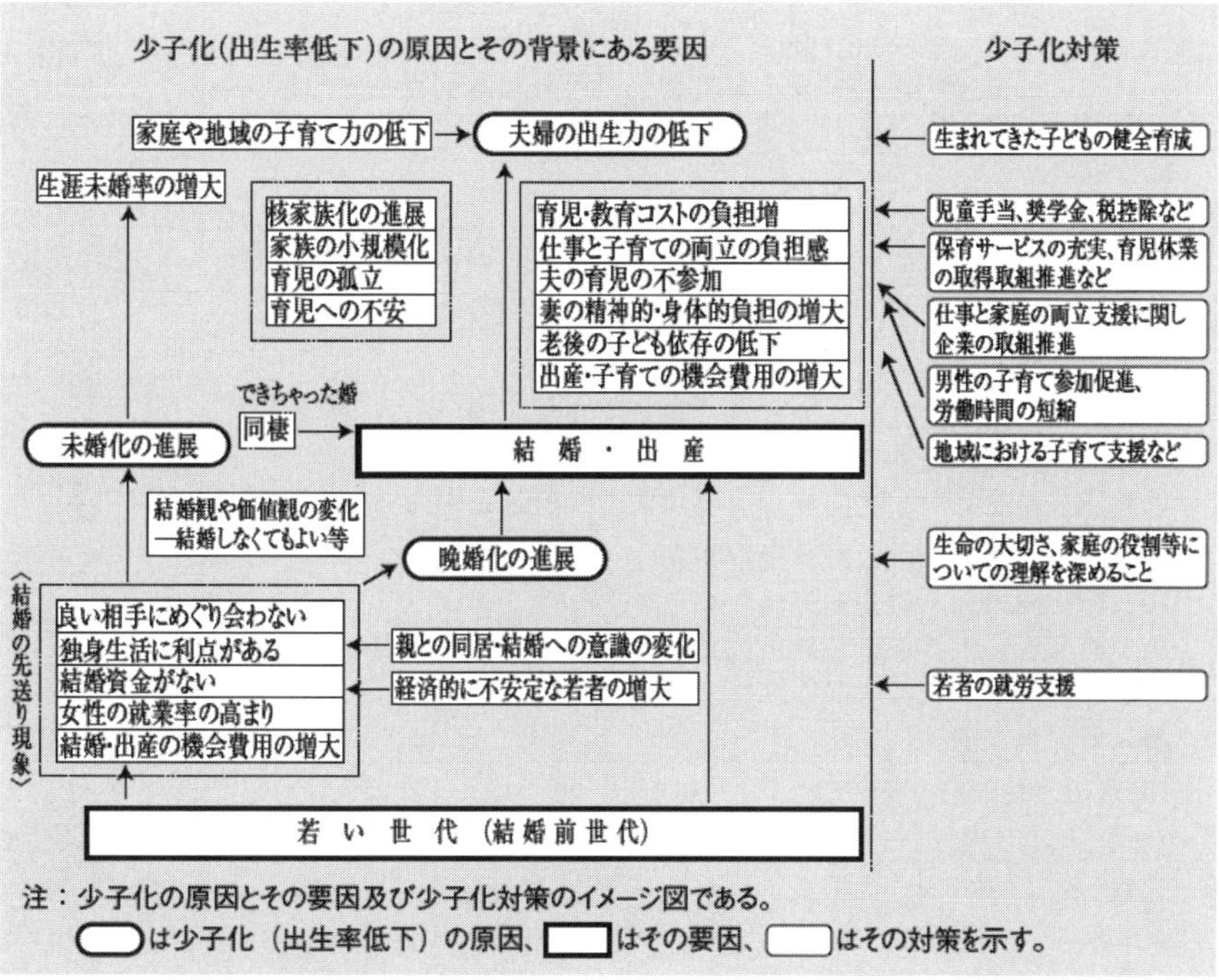

（出所）内閣府『少子化社会白書』（2004年版）

ています。しかし、これらの３つの「原因」と「要因」とが何によって起こり、どのようなメカニズムで進行しているのか、というさらに踏み込んだ論点＝「深部の原因」については、突っ込んだ分析はなされていません。

このフローチャートには、戦後日本資本主義の「資本」の活動のあり方が「少子化」を促進し、その歴史的な累積によって人口減少時代に入ってきているという社会科学的（経済学的）な認識は、まったく欠落しています。というより、そのような過去・現在にいたる日本資本主義の歴史的経過・客観的事実をとらえる方法的立場が欠落しています。

本章Ⅰ節でみたように、最新の

『厚生労働白書』は、「人口減少社会を考える」という特集に２７０ページをあてて、「少子化」「人口減少」を分析しています。この特集では、日本の「人口減少」の経過や現状、背景や見通し、これまでの政府の「少子化対策」の取り組みの経過などについて、たいへん詳細に分析し、資料を整理しています（3章表1参照）。その意味では、たいへん役に立ちます。しかし、前述の『少子化社会白書』のフローチャートと同じように、「少子化」の原因については、やはり未婚化・晩婚化、出生力の低下をとりあげ、その背景として、「経済的に不安定な若者の増大」や「育児・教育コストの負担増」などを指摘するにとどまっています。

　もう１つ例をあげておきましょう。一億総活躍国民会議が発表した「緊急対策」（２０１６年11月26日）では、冒頭の第Ⅰ章で「『ニッポン一億総活躍プラン』の取りまとめに向けた基本的考え方の整理」を行っており、そこでは「基本的考え方」として、次のように述べています。

３章―表１　『厚生労働白書』（2015年版）第Ⅰ部の内容目次

人口減少社会を考える ～希望の実現と安心して暮らせる社会を目指して～
序　章　人口減少の見通しとその影響 　第１節　人口減少の見通し 　第２節　人口減少がもたらす影響と長期ビジョンが目指す将来の方向
第１章　人口減少社会 　第１節　我が国の人口の概況 　第２節　我が国の人口に関わる施策の変遷 　第３節　人口減少社会を取り巻く背景・現状と国民の意識 　第４節　諸外国の動き 　第５節　まとめ　～人口減少克服に向けた取組みのあり方～
第２章　人口減少克服に向けた取組み 　序　節　国の動きの全体像 　第１節　若い世代が新しい世代を希望どおり産み育てられるために 　第２節　人口減少に応じて地域での生活を支えるために 　第３節　まとめ

（資料）『厚生労働白書』（2015年版）

「国民一人ひとりが活躍できる社会づくりを進める上で最重要の課題の一つは、結婚・子育ての希望を実現しにくい状況を克服することである。２０１４年の合計特殊出生率は1・42に止まっているのに対して、国民一人ひとりの結婚、出産、子育てに関する希望がすべてかなえられる環境が整備されれば、希望出生率１・８の実現へとつながっていく」。

「『希望出生率１・８』の実現に向けて、希望通りに結婚ができない状況や、希望通りの人数の子供を持てない状況を抜本的に改善するためには、若者の雇用・経済的基盤を改善するとともに、仕事との両立ができる環境づくりと、結婚から妊娠・出産、子育てまで切れ目のない支援を行う必要がある」。

しかし、問題は、「結婚・子育ての希望を実現しにくい状況」の原因が何であり、「若者の雇用・経済的基盤」や「仕事との両立ができる環境づくり」を阻んでいる原因が何であるのか、という点についての踏み込んだ探究は、まったくありません。そういう思考の兆しさえ感じられません。

本書では、以下の各節で、歴代の自公政権の「少子化対策」がなぜ効果をあげてこなかったのか、その原因を検討し、それは、第1に「財界の失敗」、第2に「社会の失敗」、第3に「政府の失敗」という３つの失敗が重なってきたことを分析していきます。（コラム①を参照）

Ⅲ　「財界の失敗」――「利潤優先の労務政策」と「労働力再生産」のトレードオフ

本書の序章Ⅱ節で引用した安倍首相の施政方針演説では、「一億総活躍」の項の冒頭で、「最も重要な課題は、一人ひとりの事情に応じた、多様な働き方が可能な社会への変革。そして、ワーク・ライフ・バランスの確保」をあげていました。しかし、「少子化対策」のなかで「多様な働き方」への転換が重要だということ自体は、もう十数年も前から、たえず論じられてきたことです。たとえば、すでに第2章で述べたように、厚生労働省が「少子化対策」にとって「働き方改革」が必要だと初めて本格的に指摘したのは、2002年9月の「少子化対策プラスワン」という提言文書においてでした。それいらい、政府の「少子化対策」の文書では、かならず「働き方改革」が強調されてきています。しかし、実際には、「少子化」傾向を転換する「働き方改革」は少しも進んでいません。

結論的に言うならば、日本の財界・大企

コラム ①

「人民の失敗」か 、「政府の失敗」か――S・リードの鋭い問題提起

本書で、現代日本の「少子化対策」が効果をあげてこなかった原因を解明するために、「財界の失敗」「社会の失敗」「政府の失敗」というとらえ方をしたのは、イギリスの19世紀初頭の古典派経済学者のサミュエル・リード（Samuel Read, 1779－1855）の人口問題の一論文（※）からの示唆によります。

リードは、この論文で、当時、大ベストセラーになっていたマルサスの『人口の原理』を厳しく批判しました。リードは、そのなかで、労働者階級の貧困の原因は「政府の失敗」によるものであって、労働者階級が子どもを作りすぎて人口過剰になったためではない、つまり「人民の失敗」ではない、と主張しました。そして、マルサスにたいして、「過剰人口の原因は何なのか？　人民の失敗なのか、政府の失敗なのか？ マルサス氏よ、きちんと回答せよ」と迫っています。

（What caused the excess? ...... Was it, in short, the fault of the government or the people? — Let Mr. Malthus, if he pleases, answer this question too.）

※ *General Statement of an Argument on the Subject of Population, in Answer to Mr. Malthus's Theory*（1821）。

ちなみに、筆者がリードの論文のことを初めて知ったのは、E・セリグマン『忘れられた経済学者たち』（平瀬巳之吉訳、未来社、1955年）でした。また森下宏美『マルサス人口論争と「改革の時代」』（日本経済評論社、2001年）もリードについて詳しく論じており、リードの論文を読むうえで、たいへん参考になりました。

業の「利潤優先の労務政策（働かせ方）」が、「少子化」傾向にますます拍車をかける方向で強められてきたからです。これは、「利潤優先の労務政策」と「長期的な視点で安定した労働力再生産」の間に深刻なトレードオフ関係があるからであり、そこに、日本の「少子化対策」の推進にとっての「財界の失敗」ともいうべき問題があります。

トレードオフとは、「二律背反」と訳されることもありますが、「あちらを立てれば、こちらが立たず、こちらを立てれば、あちらが立たず」ということです。このトレードオフにこそ、深くメスを入れる必要があります。

＊「トレードオフ」（trade-off）は、近代経済学で使われる用語であるが、辞典では、次のように説明されている。「複数の条件を同時に満たすことのできないような関係。失業率を抑えると物価が上昇し、物価を抑えると失業率が上昇するといった、物価安定と完全雇用が二律背反になるような経済的関係などにいう」（『スーパー大辞林』）。

（1）日本経団連の「少子化対策」提言

日本の財界を代表する日本経団連は、これまでも、「少子化対策」についての政府への「要望」や「提言」をたびたび行ってきました。日本で「少子化」問題が社会的に大きくとりあげられるようになってきた1990年代後半ごろから、日本経団連（当時は旧経団連）などの財界団体でも「少子化」問題に言及する文献が現われてきていました（3章表2参照）。しかし、最初のころは、「少子化対策」といっても、その内容は、当面の労働力確保の対策と言ってもよいようなものでした。「少子化対策」に名を借りた労働法

3章—表2　財界（日本経団連）の「少子化問題」についての提言、要望など

年	月	
1999	3	少子化問題への具体的な取り組みを求める
2000	5	少子高齢化に対応した新たな成長戦略の確立に向けて ——今後の4半世紀における日本経済の展望と課題
01		
02	6	WTOサービス貿易自由化交渉／人の移動に関する提言
	12	「少子化対策プラスワン」における法的整備について
03		
04	4	外国人受け入れ問題に関する提言
05	1	わが国の基本問題を考える——これからの日本を展望して
	7	少子化対策委　初会合
06		
07	3	少子化問題への総合的な対応を求める ——人口減少下の新しい社会づくりに向けて
	11	（パンフ）日本の未来をささえるために、今みんなで考えよう
08	10	人口減少に対応した経済社会のあり方
09	2	国民全体で支えあう持続可能な社会保障制度を目指して
	2	少子化対策についての提言 ——国の最重要課題として位置づけ、財政の重点的な投入を求める
2010	8	子ども・子育て新システム構築に向けた要望
	11	「家族の日」・「家族の週間」にちなんだ各社の取り組み
11		
12	11	社会保障制度改革のあり方に関する提言（4. 少子化対策）
13	5	待機児童の解消に向けた一層の取り組みを求める
	5	日本経済再生に向けた基盤整備
14	5	（21世紀政策研究所）「実効性のある少子化対策のあり方」
	11	今後の少子化対策への要望
15	1	2030年を展望した将来ビジョン「『豊かで活力ある日本』の再生」
	2	座談会「経営者が描く2030年の日本」
	4	人口減少への対応は待ったなし——総人口1億人の維持に向けて

（資料）日本経団連のホームページなどから筆者作成

制の規制緩和の提言にほかなりませんでした。このころはまだ、すでに現実に進行しはじめていた「少子化問題」の深刻な意味については、財界はまったくと言ってよいほど無関心だったといってもよいでしょう。

こうした財界の過去の「少子化対策」の発想と比べてみると、最近の財界「提言」の論調は、かなり変わってきています。

たとえば日本経団連は、2015年4月に「人口減少への対応は待ったなし――総人口一億人の維持に向けて」という「少子化対策」の提言を発表しました。この新しい「提言」では、第Ⅱ章「人口問題に関する諸分析」の「1．なぜ日本で人口が減少しているか」で、「人口減少の分析」を行っています。そして、人口減少の最大の要因は「未婚率の上昇」であると強調し、若者の「未婚率の上昇」の背景として、次のような問題をあげています。

- 「非正規雇用労働者の未婚率は、男性では高い傾向にあり、若い世代の経済的基盤を安定させることが重要である」。
- 「長時間労働などにより、男性の家事・育児への参画が少ないことが、少子化の原因の一つ」。
- 「3人以上の子供を持つことは、子育て、教育、子供部屋の確保など、様々な面での経済的負担が大きくなり、それが第3子以降を持てない最大の理由となっている」。
- 「結婚、妊娠・出産、子育ての各段階のいずれにおいても、就労を望む場合に、望むタイミングで望む働き方ができるという希望がかなう環境を整備することが重要である」

ここで、財界提言があげている諸論点は、それなりにあたっているといえるでしょう。しかし、こうした雇用や賃金、暮しや子育てなどの劣悪な労働・生活条件を一体だれがつくってきたのか。こうした「未婚率上昇」をつくり出してきた悪条件を労働者・国民に押し付けてきた根源、その責任はどこにあるのか、という「自覚」と「反省」はまったく感じられません。「反省」するどころか、いまでもなお財界は、国民にたいしては「少子化」問題の深刻さ、緊急性を盛んに強調しておきながら、現実に実行していることは、まったく逆のことです。いぜんとして非正規雇用を増やして、さらなる労働条件の悪化をもたらす労働法制の改革を要求しています。

（2）利潤追求最優先の「労務政策」と「労働力再生産」のトレードオフ

「少子化対策」における「財界の失敗」は、当面の利潤追求を最優先する「労務政策」と長期的な視点が求められる「労働力の再生産」との間には深刻なトレードオフの関係があるということについての認識がまったくないことからきています。

1　厚生労働省の「少子化対策プラスワン」――「働き方」改革の提起

財界の「少子化」論議の過程を振り返ってみると、当面の「労務政策」と「少子化対策」との間に深刻なトレードオフ関係があることが、垣間見えた瞬間がありました。

それは、小泉内閣のときの２００２年９月に、当時の厚生労働省が「少子化対策プラスワン」という新たな政策を打ち出そうとして日本経団連に意見を求めたときのことでした。この「少子化対策プラスワン」とは、厚生労働省がそれまでの「子育て・保育」中心の「少子化対策」では不十分だということに気が付いて、「少子化対策」の範囲を労働政策にまで拡張しようとしたものでした。「少子化対策プラスワン」の〝プラス、ワ、ン〟とは、従来の「少子化対策」の枠組みを越える政策という意味合いをにじませたものです。

厚生労働省が発表した「少子化対策プラスワン―少子化対策の一層の充実に関する提案」（２００２年９月

20日）では、冒頭で次のように述べています。

「厚生労働省として、これまでの少子化対策のどこが不十分なのか、また、更に対応すべきは何なのかを改めて点検し、厚生労働省の枠を超えた幅広い分野について検討した結果は、以下のとおりである」（傍点は引用者）。

具体的な「プラスワン」の内容としては、まず第1に「男性を含めた働き方の見直し、多様な働き方の実現」をかかげ、「少子化の背景にある『家庭よりも仕事を優先する』というこれまでの働き方を見直し、男性を含めた全ての人が、仕事時間と生活時間のバランスがとれる多様な働き方を選択できるようにする」としています。「家庭よりも仕事を優先する」のをやめて「多様な働き方」を、というわけですから、これは文字通りに実行すれば、雇用と労働のあり方の大転換になります。

「プラスワン」提言では、その具体策として、「出産後も育児をしながら働き続けられるような職場づくり」「子育て期間における残業時間の縮減（例えば1日当たり1時間以内を目指すなど）」「長期休暇の取得の推進」「子どもが産まれたら父親誰もが最低5日間の休暇」「男性の育児休業取得率10％」「小学校就学の始期までの勤務時間短縮」などなど、さまざまな提案をもりこんでいました。

このような「プラスワン」提言の後段では、「立法措置を視野に入れて検討を行い、年末までに結論を得る」として、さらに、企業としての対応を求めるために、「推進委員会の設置や行動計画の策定などの対応が必要であり、総理大臣や厚生労働大臣等から経済団体代表に対して要請を行う」と述べています。

この要請にたいして、財界はどう対応したか、それが問題です。

2　財界の対応——個々の企業の雇用管理に介入するな

財界（日本経団連）は、政府の要請にたいして、同年12月に文書で回答しました。そこには、財界の考え方が、簡潔な文言ながら、きわめて明確に示されています。これは歴史的な文書なので、その全文を引用しておきましょう。

「少子化対策プラスワン」における法的整備について

２００２年12月9日　（社）日本経済団体連合会

少子化への対応は、わが国の最重要課題の一つであり、政府が「少子化対策プラスワン」を策定し、国をあげて少子化対策に取り組もうとする姿勢は理解する。企業としても、労働力人口の減少に対して、両立支援等を行なうことで働く意欲と能力のある人たちの活躍をはかる等、少子化に対して積極的な対応が必要と考えている。

しかし、厚生労働省が提起する「少子化対策プラスワン」における法的整備には問題があると考える。とくに、企業への行動計画作成・届出の義務づけを通じ、雇用管理に関する一定の目標達成を求めることは、企業に過重な負担を課すものであり、賛成できない。

本来、雇用管理に関する事項は、企業の実情に応じ、個々の労使が自主的・主体的に取り組むべき事柄であり、全面的に行政が関与することは問題がある。

加えて、計画期間終了後、所期の目標を達成する等、一定要件を満たしている企業に対し、「対策推進企業」の認定を行なう旨の検討がなされているようであるが、企業が自主的に取り組む事柄に関して、行政がその達成度合いを評価、認定する必要性はないと考える。
以上、事業主への行動計画の策定・届出の義務づけには反対するが、少子化対策は国をあげての課題であり、企業としては個別労使が協力してその実を上げるよう、努力が必要である。日本経団連としても、傘下企業に上記の趣旨の徹底を期す所存である。

財界の考え方は、解説の必要がないほど、右の回答書に現われています。個々の企業の経営戦略、雇用管理、労務対策にかかわることには「政府は介入するな」というわけです。厚生労働省が「少子化対策プラスワン」などという苦肉の看板のもとで、企業の「雇用管理」と「少子化対策」のトレードオフの調整を図ろうとした「プラスワン」提言の趣旨は、財界にはまったく理解されなかったのです。

厚労省の提案した「少子化対策プラスワン」は、その後、「次世代育成支援対策推進法」（2003年7月施行）や「少子化社会対策基本法」（2003年9月施行）のなかで部分的に具体化され、地方自治体や企業の「行動計画」なども実施されていくことになります。しかし、当初の「プラスワン」のねらいとはかけはなれたものになっていきました。たとえば、「プラスワン」提言で提起していた具体策のなかの「男性の育児休業取得率10％」についてみると、最近の実績は2・3％（2014年度）で、目標にはまったく届いていません。

(3) 日本型経営から「新自由主義」型経営へ――ますます拡大するトレードオフの溝

日本経団連が厚労省の「プラスワン」提言にたいして回答したころ、すなわち1990年代から200

0年代初めにかけて、日本の財界・大企業は、ICT（情報通信技術）革命と多国籍企業化にともなう経営戦略の大転換のさなかにありました。雇用・賃金・労働時間にかかわる労務管理の面でも、従来の「日本型経営」から「新時代の『日本的経営』」を具体化する大転換をすすめつつありました。これは大企業の多国籍企業化にともなって、従来の経営戦略を本格的な「新自由主義」型経営へ転換していくことを意味していました。

1 「新時代の『日本的経営』」

日経連が発表した『新時代の「日本的経営」』（1995年5月）では、今後の労働力政策として（A）長期蓄積能力活用型グループ（B）高度専門能力活用型グループ（C）雇用柔軟型グループ、という3つのタイプに労働者をふるいわけし、採用から処遇まで徹底的に差別化していく方向を打ち出していました。これは、従来のいわゆる「終身雇用」「年功賃金」などの「日本的経営」を大企業が自ら解体しながら、徹底的なリストラ・人員削減を行い、失業者や非正規雇用者を大量に作り出して、労働者支配の新たな仕組みをめざすという戦略的な方向を示すものでした。実際に、1990年代後半から、大企業は正規雇用を徹底的に減らしながら、パート、派遣、契約、請負などの非正規雇用に切り替え、正規雇用者にたいしては、成果主義賃金を導入して、「総額人件費」の削減をすすめてきました。

こうした日本の大企業の経営戦略の大転換——「日本型経営」から「新自由主義」型経営への転換は、ますます短期的な利潤追求の「労務戦略」を極限まで追求するということであり、それは長期的な視野に立った「少子化対策」——「労働力の安定的な再生産」の方向とはまったく相反するものでした。こうして、「少子化」の現実が深刻さを増していく時期に、財界の労務戦略と「少子化対策」の間のトレードオフは、両者の溝をいっそう拡大していくばかりでした。

2 財界の「ワーク・ライフ・バランス」論

財界の「少子化対策」の提言では、2007年3月に発表した「少子化問題への総合的な対応を求める」、さらに2009年2月に発表した「少子化対策についての提言」のころから、さかんに「少子化問題」は「国民一人ひとりの働き方、さらには、人間としての生き方そのものを問うべき課題である」などと強調するようになります。そして「ワーク・ライフ・バランス（仕事と生活の調和）」こそ、「働き方」改革のカギを握っているなどと主張するようになります。

「国民一人ひとりが、家族や社会の絆を理解し、子どもは社会の宝であるとの価値観を共有していくことが求められており、産業界・企業も社会の重要な構成員のひとつとして、少子化を自らの問題として認識し、ワーク・ライフ・バランスを基本理念とした働き方の見直しに取り組む決意である」。「これからの少子化対策は、企業によるワーク・ライフ・バランス推進と、政府による保育サービス等のインフラ整備や経済的支援の充実という官民の役割分担を明確にしながら、お互いに連携し、取り組んでいくことが求められる」（2007年3月20日「少子化問題への総合的な対応を求める」）。

財界が「少子化対策」のカギとして位置づける「ワーク・ライフ・バランス」論は、もともとは欧州の経験から言葉だけを先行的に「移入」してきたものですが、財界がそれを強調するときには、欧州における「ワーク・ライフ・バランス」論の中心思想が換骨奪胎されて、新たな労務政策の手段になってきています。「ワーク・ライフ・バランスを基本理念とした働き方の見直し」などと称して、そのためには、「働き方」を縛っている労働規制を撤廃して、派遣労働の規制緩和、正規雇用の解雇規制撤廃（金銭ルールの導入）、ホワイトカラーエグゼンプションの導入（長時間労働規制の撤廃）、正規・非正規の労働条件の均一化（下方での平準化＝財界流の「同一労働同一賃金」）、などなど、さらなる労働法制の改悪を推進しようというねらいです。「国民の働き方の見直し」と称して、実は「企業の働かせ方の規制緩和」を推進しようというわけです。

世の中には〝マッチ・ポンプ〟という言い方があります。辞書によると「マッチを擦ってつけた火を自分で消火ポンプで消すこと→自分で起こしたもめごとを鎮めてやると関係者にもちかけて報酬を得ること」（『スーパー大辞林』）とあります。財界の「少子化対策」は、火事だ、火事だ、と叫んでまわりながら、消火ポンプと称して、実はマッチを火にくべて、火事をさらに拡大しているようなものです。〝マッチ・ポンプ〟どころか、ポンプ、ポンプと大声で叫びながら、実はマッチで火をつけまわしている〝マッチ・マッチ〟とでも言うべき「少子化対策」といわなければなりません。

（4）安上りの労働力確保のための「日本型移民政策」の提案

最近の財界は、短期的な労務管理政策（非正規雇用、賃金抑制）と長期的な労働力確保（「少子化」対策）との間のトレードオフを「解決」する手っ取り早い策として、「日本型移民政策」の提案をはじめています。

日本政府は、これまでも財界の意向にそって、1999年7月の閣議決定で「専門的・技術的分野の外国人」を積極的に受け入れる方針を決定し、また単純労働者についても、研修実習生の名目で、かなり多数の労働者を受け入れてきました。しかし、財界は、本格的な移民の受け入れについては、これまでは慎重な態度をとっていました。財界が「移民政策」に大きく動き出したのは、2004年4月に発表した「外国人受け入れ問題に関する提言」でした。この「提言」では、単純労働者の受け入れのための3原則を提案し、政府が積極的に準備を進めることを要求しています。

日本経団連は、2008年10月14日に発表した「人口減少に対応した経済社会のあり方」のなかで初めて積極的に「日本型移民政策」を打ち出し、次のように移民の導入を推進する方針を示しました。

「本格的な人口減少下において、持続的な経済成長を実現し、また経済社会システムが安定的に機能していくためには、年間で相当の規模の外国人材を積極的に受け入れ、定着を図っていかなければならない」。「とくに労働力不足が予想される分野（製造業、建設業、運輸業、農林水産業、介護等）での技能を有する労働者を、労働需給テストの導入を前提として、在留資格の拡大、要件緩和等を通じ、積極的に受け入れていくことが必要である」。

この2008年10月の「提言」では、日本の人口減少による移民受け入れ人数についての2つの試算が紹介されています。1つは国連の試算で「2050年時点で総人口のピーク時（2005年）の水準を維持するために必要な外国人流入数は、累計で1714万人（年平均38万人程度）」、もう1つは経済産業省の試算で「生産年齢人口のピーク（１９９５年）を維持するためには、単純計算で２０３０年までに約１８００万人（年平均50万人程度）」が必要になるというものです。しかし、まだ財界の２００８年10月の「提言」では、「わが国の外国人材の受入れ体制の整備や定住化のための社会統合政策が進まなければ、それだけの規模で外国人が増え続けることは期待できない」としていました。

財界の「日本型移民政策」は、２０１５年１月の経団連ビジョン『「豊かで活力ある日本」の再生』のなかで、「少なくとも、２０３０年代に外国人材の数は現在から倍の４００万人」というＫＰＩ（数値目標）をかかげるまでになりました。これを受けて、この節の冒頭で紹介した２０１５年４月の提言「人口減少への対応は待ったなし」では、移民４００万人の目標を達成するために、「２０２０年代から２０３０年代の20年間にかけて毎年10万人ずつの外国人材の受入れ・定住を実行」と、

３章－図３　財界の「日本型移民政策」の移民受け入れ計画

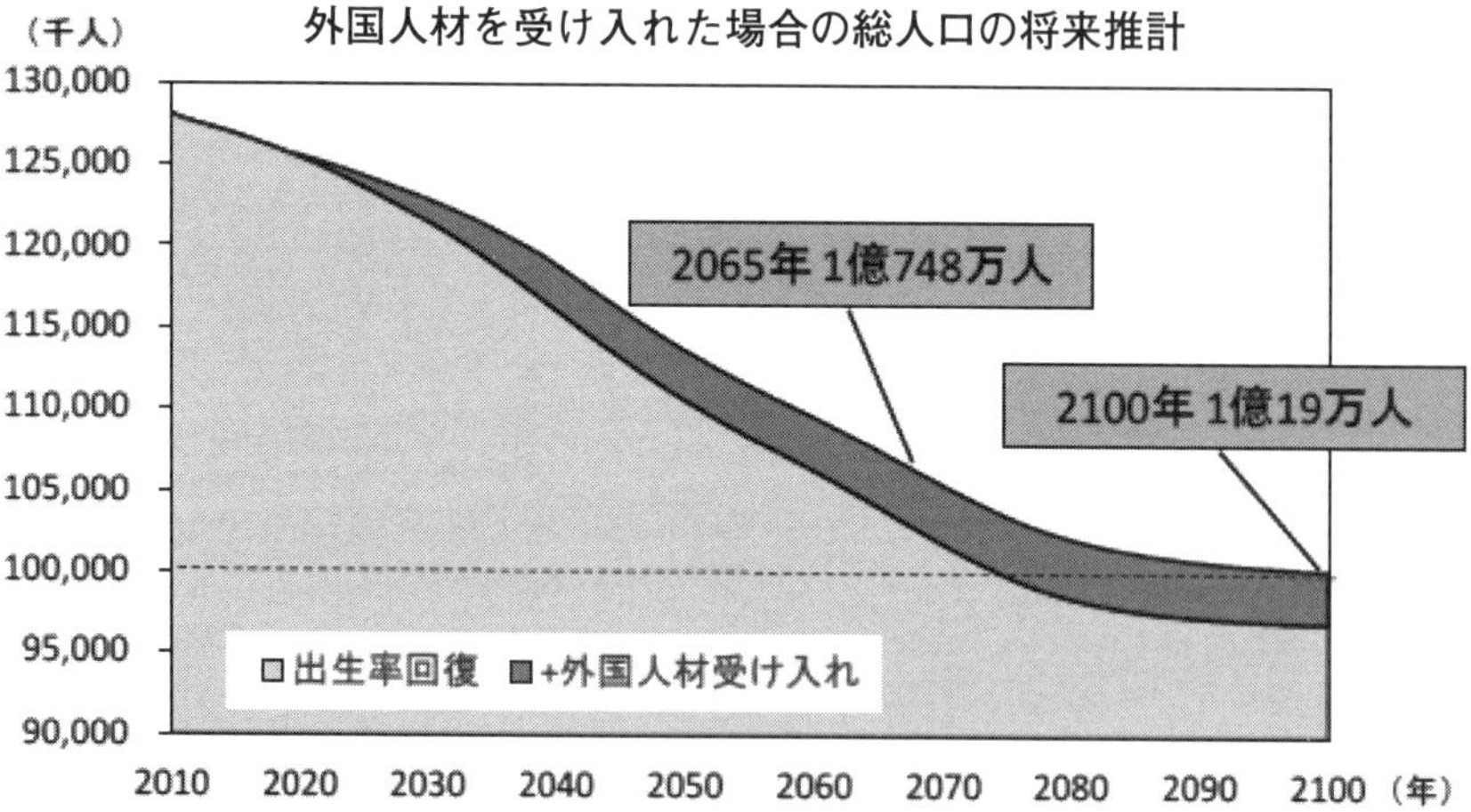

（注）「＋外国人材受け入れ」は、合計特殊出生率を2020年に1.8、2030年に2.07まで高めつつ、2020年代～2030年代にかけて外国人材200万人の受け入れ・定住を実現した場合の総人口。
（出所）経団連事務局試算

（資料）日本経団連『人口減少への対応は待ったなし』（2015 年４月）

さらに踏み込んだ提案をしています（3章図3）。

21世紀のグローバル化した世界のなかで、人材が国際的に交流することは必然的な動きであり、その意味では、日本の総人口に占める外国人が増加することは予想されます。しかし、財界が「少子化」対策として「外国人材の倍増」をかかげているのは、財界が懸念する労働力不足対策として、安上がりの移民の流入・定住を図ろうということにほかなりません。

すでに戦後70年の間にも、日本の外国人労働者問題は、その人権無視、劣悪な労働条件にたいして国際社会から厳しい批判を受けてきました。「日本型移民政策」などと称して、海外から移住してきた人びとの人権や日本で働く条件、社会保障や教育、生活する社会的体制などを十分に整備しないまま、安価な労働力対策としてのなし崩しの移民の拡大は、けっして許すべきではありません。

Ⅳ 「社会の失敗」――「女性差別」と「性別役割分業」家族観の軛《くびき》

本章で「社会の失敗」というのは、労働条件や社会生活の各分野で、依然として根強い「女性差別」が続き、新しい形態の「女性の貧困」が広がっているために、現代日本の女性が「子どもを生みたくても生めない」選択をよぎなくされている社会的な現実のことを意味しています。

とりわけ現代日本の「社会の失敗」を複雑にしているのは、1975年の国際婦人年、1979年の国連の女性差別撤廃条約の採択など世界の運動に励まされて、日本でも男女雇用機会均等法（1985年）、男女共同参画基本法（1999年）が制定され、ジェンダー平等を推進する社会的進歩の運動が大きく前進して「女性の自立」が高まってきたにもかかわらず、むしろ逆に「女性の貧困」や若者の「未婚化」の傾向が拡大してきたという社会的現実があることです。いいかえるならば、現代日本の「女性の貧困」、「若者の未婚化」「少子化」傾向などの社会的な背景には、ジェンダー平等の運動の発展とともに女性の自立意識が高まり、旧来の家族モデル（男は外で稼ぎ、女は内で家事に従事）がなし崩しで崩壊しつつあるにもかかわらず、社会的には「女性差別」と旧来の「性的役割分業」家族観が根強く温存され、それらの軛のもとで、とりわけ若い女性の苦しみが増大していることがあります。

現代日本では、社会的進歩である「女性の自立」と、遅れた「女性差別」「労働と家庭からの排除」という、この一見するとパラドキシカル（逆説的）に見える関係が同時的に存在して、社会的に再生産されています。「社会の失敗」を打開するには、こうした矛盾した社会的関係が再生産されるメカニズムを深く解明し、解決する方向を示すことが求められています。

（1）「社会の失敗」の根底にある根強い「女性差別」

「社会の失敗」の根底にあるのは、日本社会の根強い「女性差別」の問題です。

1　日本のジェンダー平等度は、145か国中の101位

ジェンダー（gender）とは、歴史的な過程で、社会的、文化的、人為的につくられてきた男女の性差による差別として規定されます。それは、生物学的な特徴にもとづく性別（sex）とは異なる歴史的社会的に形成されてきた男女差別であり、そうであるだけに差別を撤廃するには、ジェンダー平等を実現すること

が必要になります。

日本社会の根強い「女性差別」の実態を表わす国際的な資料には、別表（3章表3）のように、いろいろな機関の発表する指標があります。比較にとりあげる分野の違いを反映してジェンダー平等の国別順位には違いがありますが、このなかで、多くの分野の指標（4分野・14項目）を集計しているものとして、最近よく引証されるのは、世界経済フォーラム（ダボス会議）が毎年発表する男女平等度指標の世界ランキングです。その最新版（2015年11月19日発表）によると、日本は世界145か国中で101位、先進国のなかでは桁違いの「ジェンダー不平等国」です。とりわけ「職場」の分野では、賃金格差が前年より拡大し、ランキングも102位から106位に下降しました。ちなみに、4分野のなかで日本のランキングが比較的に高い（それでも先進国の中では下位）指標は、健康や知識などの分野で女性の地位が上がっているためです。

列国議会同盟が毎月発表している国会議員に占める女性の比率では、日本は116位で、5年前の95位からさらに下がっています。国連が発表していた女性の社会的地位を示すGEM指数では、2001年に31位だったものが、2009年には57位へ下降しています（GEM指数は2009年調査までで終了）。

男女雇用機会均等法が施行されたのは1986年、男女共同参画基本法が施行されたのは1999年でした。それから30年、15年が経過しました。部分的には、さまざまな改善もされてきました。しかし、全体的に見ると、日本社会の女性差別の実態が続いています。

２　「選択制夫婦別姓」を認めない民法と最高裁判決

昨年末（２０１５年12月16日）に、こうした数字で示されるジェンダー不平等の指標よりも、もっと明確に「社会の失敗」を示す象徴的なニュースがありました。日本政府にたいして、「夫婦別姓を認めない民法の規定は憲法違反だ」と訴えた裁判で、最高裁判所大法廷は、民法の規定を合憲とする判断を示し訴えを却下しました。

夫婦別姓を認めるかどうか、夫婦別姓と夫婦同姓を選択できる制度に民法を改

３章―表３　ジェンダー平等度を表わす国際的なランキング

	ジェンダー・エンパワーメント指数	ジェンダー不平等指数	人間開発指数	ジェンダー開発指数	ジュンダーギャップ指数	国会議員比率	女性役員の割合
	GEM	GII	HDI	GDI	GGI		
調査時点	2009年(注1)	2013年	2013年	2013年	2015年	2015.12.1	2013
日　本	57	25	17	79	101	116	44
国の数	109	152	185	148	145	180	45
発表機関	国連開発計画	国連開発計画	国連開発計画	国連開発計画	世界経済フォーラム	列国議会同盟	（注２）
特　徴	女性の社会的、政治的、経済的な力を指数化（国会議員比率、専門職・技術職比率と管理職比率、推定勤労所得）の３つを用いて算出。	国家の人間開発の達成が男女の不平等によってどの程度妨げられているかを指数化。（妊産婦死亡率、国会議員の割合、中等教育以上の教育を受けた人の割合等）	「長寿で健康場生活」「知識」及び「人間らしい生活水準」という人間開発の３つの側面を測るもの。(平均寿命、１人あたりGDP、就学率等)	男女別の人間開発指数(HDI)の比率で示される。HDIにおける男女平等からの絶対偏差に基づいており、男性優位の不平等も女性優位の不平等も同じ扱いで反映される。	経済、教育、保健、政治の各分野毎に各使用データをウェイト付けして総合値を算出。その分野毎総合値を単純平均してジェンダー・ギャップ指数を算出。	国会議員（下院）に占める女性議員の比率（日本は衆議院）。	企業における女性取締役の比率。

（注１）2009年まで発表。2010年からはGIIに。
（注２）米国の調査・コンサルティング会社GMIレーティングス（GMI Ratings）
（出所）内閣府「男女共同参画本部ホームページ、列国議会同盟ホームページなどの資料をもとに作成

めるかどうか、——この問題は「姓名の自己決定」というきわめて重要な基本的権利の問題であり、ジェンダー平等の根本にかかわることです。今回の最高裁判決は、あらためて日本の「女性差別社会」の根深さを国の内外に示しました。最高裁判事15人中の3名は、「女性のみが自己喪失感などの負担を負っており、例外規定を認めないことは憲法が保障する『個人の尊重』と『男女の平等』に根差していない」という意見を述べていました。最高裁判決が「旧姓の通称使用で緩和できる」などとしていることについて、女性史研究者の米田佐代子氏は、次のようにコメントしています。

「このたびの最高裁判決は失望したが、なかでも『夫婦同姓』が社会に定着していること、姓を変えることによる不利益は『氏の通称使用が広まることにより一定程度は緩和され得るものである』とした点については、納得できない」。「『同姓が社会に定着』というが、それは戦後『家』制度を廃止したのちも『戸籍制度』と『夫婦同氏』を温存してきた結果ではないか。結婚後の姓を96%の女性が夫の姓に変更するという『社会通念』は、政策的に作られてきたものであり、それを憲法判断よりも重視する今回の最高裁判決にうなずくことは到底できない」(『しんぶん赤旗』２０１５年12月21日)。

夫婦別姓の問題は、国連の女性差別撤廃委員会では、もう２００３年の勧告以来、日本政府からの報告を審査するたびに、日本の女性差別を是正する最重要課題の１つとして、直ちに民法を改正するように勧告してきた問題です。日本はこうした国際的な勧告すら履行できないできました。

（2）「社会構造」の変革を阻んでいるものはなにか

なぜ、日本のジェンダー平等は国際的にも遅れているのか。現代日本で、なかなか男女共同参画社会が実現できないのはなぜか。その根源にあるものはなんでしょうか。

この問いに関連して、「パラサイトシングル」や「婚活」などの造語を普及したことで知られる社会学者の山田昌弘・中央大教授は、『女性活躍後進国ニッポン』（岩波書店、２０１５年）のなかで、次のように述べています。

「……男女共同参画の推進、とりわけ女性の活躍推進がなかなか進まないのは、戦後の高度成長期に確立された『日本社会のあり方』、要するに『社会構造』に原因があるということです。……社会構造というと難しく聞こえるかもしれませんが、それは、人々の行動や意識に影響を与える制度、慣習、社会意識、規範などです。その中で重要なものは、『夫は主に外で働き、妻は主に家で家事をする』ことを前提にした社会構造、つまり、『働き方』『家族形成（結婚、子育て）のありかた』『社会保障（社会福祉）のありかた』です」（同書、８ページ）。

山田教授は、「女性の活躍」が進まない原因は「日本社会のあり方」「社会構造」にあり、それは「夫は主に外で働き、妻は主に家で家事をする」ことを前提にした社会構造、つまり、「働き方」「家族形成（結婚、子育て）のありかた」「社会保障（社会福祉）のありかた」にあると解説しています。

このとらえ方に、筆者も異論があるわけではありません。たしかに、山田教授があげていることは、そのとおりだといってもよいでしょう。しかし、「女性の活躍」が進まない原因を、「社会構造」や「働き方」や「家族の役割分担」などに求めることは、堂々巡りの循環論法に陥る危険もあります。「社会構造」が変らない→「女性の活躍」が進まない→「社会構造」が変らない→「女性の活躍」が進まない→「社会構造」が変らない→……この循環論法を突破するには、「社会構造」や「働き方」や「家族の役割分担」の具体的なあり方、その中身に分け入って、分析を深める必要があります。

山田教授も、同書の後段では、「性別役割型家族」の限界、正規・非正規の格差を拡大する「雇用慣行」、女性の活躍を妨げる「社会保障制度」などを具体的に分析して、最後に、終章で次のように述べています。

「では、なぜ変われないのか、それは、制度、慣習、意識の一種の『惰性』だと思います。今ある仕組みを変えるのには、国民全体の勇気と決断が要ります。国の制度、雇用慣行、そして、人々の意識というすべてのレベルを、少しずつでも変えていかないと、女性の活躍推進が進まず、男性、女性ともに、生き方の困難さが増します」（同書、62～63ページ）。

筆者は、日本社会が変われないのは、山田教授が指摘しているような「制度、慣習、意識の一種の『惰性』」のためというよりも、現代の日本社会の支配的な政治構造の問題、そこに根深い「女性蔑視」の根源があると考えています。そこに焦点をあてる分析、そこを変革する運動が必要です。この点については、項をあらためて詳しくみておきましょう。

（3）日本の保守政治の根底に「女性蔑視」の思想

日本で根強く「女性差別」が続いているもっとも大きな原因は、戦後日本政治を長く支配してきた自民党など保守政治の根底に、牢固とした女性蔑視、性差別主義の思想があり、そうした思想が「性別役割型家族」を隠れ蓑にして制度化されていることです。

1　政治家の「女性蔑視」発言

最初に、記憶に残っている政治家の「女性蔑視発言」を思い出してみましょう。

①２０１５年９月29日、安倍内閣の菅義偉官房長官の「たくさん産んで国家に貢献」発言

民放のテレビ番組で、著名な歌手・俳優の結婚についての感想を聞かれ、「この結婚を機に、ママさんたちが『一緒に子供を産みたい』という形で、国家に貢献してくれればいいなと思う」。

②２０１４年６月18日、東京都議会で質問中の女性議員に議員席から「早く結婚しろよ」などのヤジ

「早く結婚したほうがいいんじゃないか」「子どもを生めないのか」――こうしたヤジをニュースで聞いて、翌日までに議会局に千通以上の批判・抗議が殺到。ヤジを発した議員は名乗り出て陳謝したが、結局、辞任要求には応じずに居座った。

③２００７年１月27日、（第１次）安倍内閣の柳沢伯夫厚生労働大臣の「女性は子どもを生む機械」発言（島根県松江市、島根県議の会合での講演）

「人口統計学では、女性は15歳から50歳までが出産をしてくださる年齢だということなもんですから、

15歳から50歳の人の数を勘定すると、もうだいたいわかるわけですね。……そういうようなことで、後は産む機械っちゃーなんだけれども、装置が、もう数が決まっちゃたと。機械の数、機械っちゃなんだかもしれないけれども、そういうのが決まっちゃたということになると、あとは一つの、ま、機械って言ってごめんなさいね。別にその、産む役目の人が、1人頭でがんばってもらうしかないんですよ。みなさん。」

※「生む機械」発言には、国の内外から厳しい抗議の声が上がり、大臣罷免問題が通常国会の最大の焦点の一つになった。安倍首相は最後までかばい続けて更迭しなかったが、同年9月には安倍首相自身が退陣した。

④2003年6月26日、森喜朗元首相が「子どもを生まない女性に（国の）福祉はおかしい」発言（全国私立幼稚園連合会の討論会・鹿児島市における発言）

「子どもを沢山つくった女性が、将来国がご苦労様でしたといって、面倒を見るのが本来の福祉です。ところが子どもを一人もつくらない女性が、好き勝手、と言っちゃなんだけど、自由を謳歌して、楽しんで、年とって……税金で面倒見なさいというのは、本当におかしいですよ」。

⑤2001年11月、石原慎太郎東京都知事の「子どもの生めないババアは死ね」発言（『週刊女性』同年11月6日号、インタビュー記事）

「〝文明がもたらしたもっとも悪しき有害なる物はババァ〟なんだそうだ。〝女性が生殖能力を失っても生きてるってのは、無駄で罪です〟って。男は八〇、九〇歳でも生殖能力があるけれど、女は閉経してしまったら子供を生む力はない。そんな人間が、きんさん、ぎんさんの年まで生きてるってのは、地球にとって非常に悪しき弊害だって……。なるほどとは思うけど、政治家としてはいえないわね（笑い）」。

※石原氏は、自分の発言は、大学教授と対談したときに聞いたことの引用だと弁明した。しかし、その相手の

教授が講演などで主張していることは、石原氏の発言趣旨とは正反対の、次のような思想である。「おばあさんが存在すると、おばあさんの経験が活かされ、次の世代の出産はより安全になる。さらに、おばあさんに子供の世話をしてもらえるので、次の出産までの期間が短くなり、出産回数が増える。これらは人口増加をもたらす」

ここまで、政治家の過去の「女性蔑視」発言を、あえて詳しく再録してきたのは、こうした発言が単なる「失言」ではなく、女性にたいする思想の根源を垣間見せたものであり、後にみるように、自民党の憲法草案の「家族」条項の〝本音〟を現わしていると考えるからです。

2　地方政治でも根強い「女性蔑視」

新日本婦人の会（新婦人）は2015年1月30日、東京都内で記者会見し、「〝私が感じた差別〟全女性地方議員アンケート」の結果を発表しました（3章図4）。調査は2014年9月から12月まで全女性地方議員を対象に3826人にアンケートを届け、日本共産党、無所属、公明、自民、民主、社民、維新などさまざまな会派の47都道府県964人から得た回答をまとめたものです。革新的な党派の議員だけでなく、自民党を含む全女性議員を対象としているという意味で、たいへん貴重な調査報告です（同報告は70ページ以上の詳細なものですが、同会のホームページで全文を閲覧できます）。

それによると、図のように、女性蔑視や差別など不快だと感じたことがある女性議員が過半数にのぼる実態が明らかになりました。女性蔑視や差別、暴言など不快だと感じたことが「ある」という回答は54・1%でした。「ある」と回答した人のうち現在経験している人が48・5%。自分自身の経験が75%、他の人のことが17・5%。議会内が61・0%、議会外が34・6%でした。事例のなかで最も多いものは「早く結婚して子どもを産め」など性別役割分担意識にもとづく発言や行為で60・8%に上りました。

新日本婦人の会の調査が示しているのは、前項であげた政治家の「発言」に現われている「女性蔑視」思想が、日本の政治社会全体に広く存在しているということです。

3章―図4　地方議会での「女性蔑視」

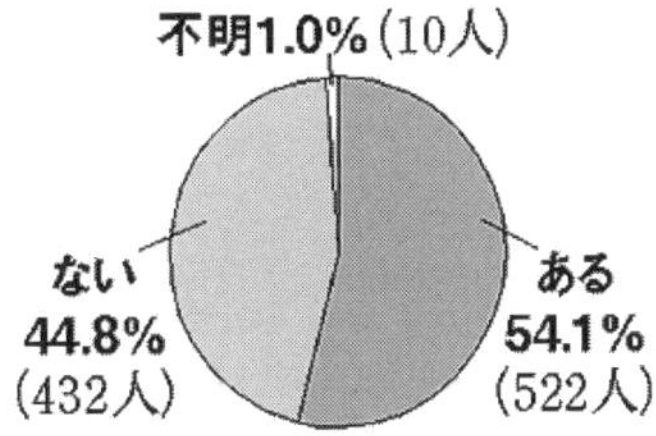
女性蔑視や差別、暴言など不快に感じたことがありますか

（資料）「新日本婦人の会」ホームページ

3　自民党の憲法改定案の、戦前の「家族」思想の復活

国の政治、地方政治の場での「女性蔑視」の問題を重視する必要があるのは、それが過去の時代の遅れた思想が残っているということではないからです。「女性蔑視社会」は、現代日本の政治的な支配の構造と深く結びついています。いいかえるならば、現代日本の政治支配の構造を支える条件として「女性蔑視社会」が続いているということです。けっして「制度、慣習、意識の一種の『惰性』」などととらえるべきではないのです。

自民党が発表している憲法草案では、現行憲法第24条に、新たに表題として「家族、婚姻等に関する基本原則」を追加して、次の項目を第1項として加えるとしています。この新たな内容は、「家族」を「社会の自然かつ基礎的な単位」と位置づけたうえで、「家族は、互いに助け合わなければならない」となっています。そのねらいが「家族」の役割を憲法に明記することによって、戦前の「家族像」を復活させようということにあるのがうかがえます。憲法に「家族」規定をもり込むことによって、家庭における「性役割分担」をいっそう強めて、政治支配の基盤にしようというねらいでしょう（3章表4）。

自民党の解説では、「家族は、社会の極めて重要な存在ですが、昨今、家族の絆が薄くなってきていると言われています。こうしたことに鑑みて、24条1項に家族の規定を新設し（た）」と述べています。そして「なお、前段については、世界人権宣言16条3項も参考にしました」としています。しかし、人権宣言では、「家族は、社会の自然かつ基礎的な単位であり、社会及び国による保護を受ける権利を有する」となっていますが、自民党草案では、「……尊重される。家族は、互いに助け合わなければならない」ですから、後段の意味はまったく異なります。人権宣言は、「家族の権利」を規定しているのにたいし、自民党案は「家族の義務」を規定しています。

3章—表4　現行憲法と自民党改憲案の比較

現行憲法	自民党憲法草案
第24条	第24条（家族、婚姻等に関する基本原則）
	1　家族は、社会の自然かつ基礎的な単位として、尊重される。家族は、互いに助け合わなければならない。
1　婚姻は、両性の合意のみに基いて成立し、夫婦が同等の権利を有することを基本として、相互の協力により、維持されなければならない。	2　婚姻は、両性の合意に基づいて成立し、夫婦が同等の権利を有することを基本として、相互の協力により、維持されなければならない。
2　配偶者の選択、財産権、相続、住居の選定、離婚並びに婚姻及び家族に関するその他の事項に関しては、法律は、個人の尊厳と両性の本質的平等に立脚して、制定されなければならない	3　家族、扶養、後見、婚姻及び離婚、財産権、相続並びに親族に関するその他の事項に関しては、法律は、個人の尊厳と両性の本質的平等に立脚して、制定されなければならない。

（資料）自民党の憲法草案をもとに作成

（4）「生めない現実」、「生まない選択」の背景に「女性の貧困」

いま多くの女性が「生みたくても生めない」選択、「生まない」選択をよぎなくされている現実は、「女性蔑視社会」という社会構造のせいだけではありません。

最近の日本では、社会の基礎構造、政治的土壌の上で、新たな形態での「女性の貧困」「労働と家庭からの排除による女性の貧困」が広く深く進行しています。「女性の貧困」の基礎に、最近の20年間にすすんだ女性雇用者の非正規化があることは明らかです。女性の非正規雇用者は、２０１４年には全体の56・7％になっています。多くの働く女性たちが低賃金・無権利のワーキングプアの状態に追い込まれてきました。

しかし、それだけではありません。多くの女性たちが、単に労働・雇用の面で安定した生活を保障する条件から排除されているだけではなく、社会的排除――安定した生活の場である「家庭からの排除」という新しい困難を背負わされてきています。現代日本の「女性の貧困」をつくり出している「家庭からの排除」という問題について、宮本みち子・放送大学副学長は、次のように述べています。

「家庭からの排除は、結婚（家族形成）からの排除だけでなく、彼女たちの出自家族（多くは親のいる実家）のなかでの排除と、出自家族の社会からの排除を含んでいる」（小杉礼子・宮本みち子編『下層化する女性たち――労働と家庭からの排除と貧困』勁草書房、２０１５年、９ページ）。

ＮＨＫの「クローズアップ現代」が若い女性の間で深刻化する「女性の貧困」の実態を描いた「あしたが見えない」を放送（２０１４年1月）した後、番組サイトのページビューが通常8千程度のところ、60万を超えたといいます。ＮＨＫは、その後、同年4月には、ＮＨＫスペシャルで「調査報告・女性たちの貧困――〝新たな連鎖〟の衝撃」を放送しました。そこでは、親たちの世代の貧困が子どもの世代に連鎖し、とりわけ若い女性たちに重くのしかかっていると告発しました。

2年前、ＮＨＫは「朝イチ」でも若い女性の「サイレントプア」の実態をとりあげて大きな反響を呼びました。「サイレントプア」とは、当事者が声をあげない（あげられない）ため、手助けを求められず、貧困から抜け出せない状態のことです。日本では可処分所得（税金を差し引いた年収）が１１２万円未満を貧困線としていますが、現在の独身女性の３人に１人は貧困状態となり、さらに母子世帯の場合は、貧困率が48％にものぼると言います。

２０１６年1月の衆院予算委員会で女性のパートの低賃金が問題になった時、安倍首相は、「パートの賃金が安くても、夫の賃金と合算するから家計収入全体は増えている」などと答弁しました。しかし、現在の労働現場の特徴は、こうした「家族賃金」から排除された若い未婚女性やシングルマザーの女性のパートタイマーが急増して、「女性の貧困」の大きな背景になっていることです。

(5)「女性の自立」と「労働と家庭からの排除」のパラドキシカルな関係

江原由美子・日本女子大教授は、「若年女性の非正規労働者化」と「若年女性の有配偶率の低下」という2つの変化が重なって進行していることが、外から見えにくい「若年女性の貧困化」を生み出していると、次のように指摘しています。

「現代生じている事態は、そうした性別役割観やモデルとは全く逆に、『女性も自分で働いて生活を維持する方がよい』という女性の自立意識の高まりであり、さらには、こうした意識変化や世帯人員数の減少や未婚化等によって『家族に包摂されない女性』たちが急速に増加するという事態の進行であろう。こうした変化にもかかわらず、従来の性別役割観を前提にした女性労働観＝『女性労働の家族依存モデル』が強固に維持されていることが、『女性の貧困』を見えにくくしているのである」（江原由美子「見えにくい女性の貧困」小杉礼子・宮本みち子編『下層化する女性たち』勁草書房、２０１５年所収）。

ジェンダー平等を求める運動の発展によって女性の自立的な意識が高まり、家父長的なジェンダー不平等な家族関係が解体されていくこと、こうしたそれ自体は社会進歩の進行と、現実の社会的経済的な条件の立ち遅れとの乖離、そこから新たな「女性の貧困」が深まるという、このパラドキシカル（逆説的）な関係が、とりわけ若い世代の女性を苦しめているのです。

こうしたパラドキシカルな事態が生まれるのは、社会が進歩するときに、その過渡的な狭間で起こることです。たとえば、資本主義制度が封建制度の社会的な軛を破って生成してくるときに、かつての身分制にがんじがらめに縛られていた農奴制が崩壊して「二重に自由」な労働者階級が大量に生まれてきました。「二重に自由な」という意味は、身分制という遅れた軛から「自由」であるということと、生活手段である「土地」からも切り離され「自由」であるということでした。労働者階級は資本家に雇用されて賃金労働者にならないかぎり「失業」して、生存の条件をすら失うという「自由」でした。

現代の日本で新しく生まれつつある「女性の貧困」のメカニズムは、それ自体は社会進歩であり、決して後戻りしてはならない女性の自立意識のたかまりと、遅れた性的役割分業観、「女性労働の家族依存モデル」のなし崩しの崩壊の狭間で生まれている現象、一見すると矛盾したパラドキシカルに見える社会現象といえるでしょう。

(6)「社会の失敗」を打開する方向

これまでは、現代日本社会の根強い「女性差別社会」、「女性の貧困」、「労働と家庭からの排除」の厳しい現実をみてきました。しかし、戦後70年の日本の歴史は、もちろん、こうした否定的な面だけではありません。日本の「女性差別」を改革し、ジェンダー平等を推進するための力強い国民的な運動も発展してきました。

1975年の国際婦人年から本格的に高揚した世界的なジェンダー平等の運動に励まされながら、日本でも粘り強い男女平等・女性の地位向上を求める運動が大きく発展してきました。とりわけ1979年に国連で女性差別撤廃条約が採択され、その国際的な批准がすすむなかで1995年に北京で開かれた世界女性会議、2000年の国連女性会議などは、日本の運動の発展に大きな力となりました。

日本では、女性差別撤廃条約の批准(1985年)とともに男女雇用機会均等法(1985年)、育児・介護休業法(1995年)、男女共同参画基本法(1999年)の制定など、法制面からの整備もすすめられてきました。

ここでは、ジェンダー平等を推進する運動の発展について、詳細に跡づけることはしませんが、「社会の失敗」の状況を変える根本的な力は、こうしたジェンダー平等を求める運動の発展にあるということを、最後に強調しておきたいと思います。

V 「政府の失敗」――「新自由主義」路線と「少子化対策」の矛盾

これまで検討してきた「財界の失敗」や「社会の失敗」にくらべると、「少子化対策」における「政府の失敗」は、きわめて明白です。本章の冒頭で述べたように、自公政権の「少子化対策」は十数年も続いてきたのに、出生率が回復する兆しはありません。「少子化」傾向にストップがかかる気配は、なかなか見えてきません。これまでの「少子化対策」は、意図したような効果をあげていないといわざるをえません。まさに「政府の失敗」です。

「政府の失敗」は、二重の特徴をもっています。

第1に、「財界の失敗」や「社会の失敗」を政府が放任し、それを推進・拡大してきたということです。言い換えるならば、先に述べた「財界の失敗」と「社会の失敗」は、同時にまた「政府の失敗」でもあり、それだけに「政府の失敗」の責任は大きいということです。

第2に、政府自身が独自に責任をもって実行すべき子育てや教育、社会保障制度などの十分な拡充を行わずに、むしろ「少子化対策」に逆行する政策、すなわち予算削減や制度改悪を長年にわたって続けてきたということです。その結果、たとえば保育所の待機児童の増大などは、まさに「政府の失敗」そのものを示しています。

(1)「財界の失敗」を放任・促進してきた政府――「新自由主義」路線の「労働ビッグバン」と「働き方改革」

「少子化」の流れに歯止めがかからない、その根源には、財界・大企業の目先の利潤追求の労務政策があり、それを政府の政策が一貫して放任し、労働政策の面からそれを促進してきたことがあります。

政府も財界も、国民にたいしては「少子化」問題の深刻さ、緊急性を、盛んに強調しています。しかし、すでに見たように、財界が要求してきたことは、それとは逆行する「新自由主義」路線による「労働ビッグバン」の実行でした。

「労働ビッグバン」とは、第1次安倍内閣のときに、2006年11月の経済財政諮問会議に当時の御手洗富士夫・経団連会長ら民間議員4名の連名による提案に盛り込まれた労働法制改革の要求です。この文書では、次のように述べていました。

「近年、働き方や家族のあり方は大きく変化しているが、それに対応した制度改革は未だ実現していない。安倍内閣のめざす国づくりには、複線型でフェアな働き方を実現させ、働く人ひとりひとりが『働くことへの誇り』を持てるようにすることと、企業活力とを両立させることが必要である。このためには、関連制度を包括的・抜本的に見直す『労働ビッグバン』が不可欠となるが、これは、①効率的な労働市場の整備、②再チャレンジ支援、③生産性向上、④少子高齢化対策、など幅広い政策分野にまたがる改革からなる」。

この提言は、労働法制改悪にたいする労働者・国民の強い反対のために、第1次安倍内閣のもとでは、そのままの形では実行することはできませんでした。しかし、その後、第2次安倍内閣がアベノミクス（安倍内閣の経済政策）をかかげて、その第3の矢の「成長戦略」の中心に、「労働法制の岩盤規制の突破」などと言いだしてから、ふたたび焦点になってきました。「成長戦略」を立案した産業競争力会議の議事録を読むと、労働法制の改革こそ「成長戦略」の要であることがくり返し強調されています。

こうした「成長戦略」としてとらえられた「働き方改革」＝「従来の労働制度の改革」は、結局は財界・大企業の要求する「労働ビッグバン」に収れんし、真の意味での国民の立場からの「働き方改革」とはほど遠いものになってしまいます。その結果として、歴代の自公政権は、「少子化対策」における「財界の失敗」を容認したばかりか、むしろその「新自由主義」的な労働政策を「成長戦略」の名で推進し、「政府の失敗」を拡大することになったのです。

（2）政府の「少子化社会対策大綱」に根本的に欠けているもの

安倍内閣は、2015年3月に第3回目の「少子化社会対策大綱」を決定しました。政府の「少子化社会対策大綱」は、少子化社会対策基本法（2003年）にもとづく総合的かつ長期的な少子化に対処するための施策の基本指針です（第1回＝2004年、第2回＝2010年）。

今回の「大綱」には、本文に加え「施策の具体的内容」「施策に関する数値目標」が別添で添付されています。この「数値目標」のなかには、（どれだけ実現性があるかはともかくとして）、政府の「少子化対策」の基本構想が具体的な数値の形で描かれているとも言えるでしょう。

この「数値目標」をみて、正直にいって驚きました。「子育て支援」の分野では、ひじょうに広範で詳細な項目にわたって具体的な目標がかかげられています。しかし、「企業の取組」としては、ただひとつだけ「くるみん取得企業（子育て支援の認定企業）：3、000社（2020年）：2、031社（2014年）」があげられているだけです。そのほかの項目でも「子育て支援パスポート事業への協賛店舗数：44万店舗（2010年：22万店舗）」しかありません。また「男女の働き方」の項目を見ても、企業の側から積極的に国民の働き方を改革するための賃金引き上げや長時間労働を短縮する視点はきわめて希薄です。

今回の「少子化社会対策大綱」には、かつての「少子化対策プラスワン」の思想はもはや感じられません。しかし、いま「少子化社会対策大綱」に求められるのは、かつての「プ、ラ、ス、ワ、ン、」の思想、いや「少子化」「人口減少」問題がより深刻な現実となってきた15年後のいま言うならば「プ、ラ、ス、テ、ン、」（プラスワン×10）の思想でしょう。

（3）「社会の失敗」（「女性差別」「女性の貧困」など）を放置・拡大してきた政府

「社会の失敗」を放置・拡大してきた政府の問題については、枚挙にいとまがないほどですが、ここでは、そのなかで最近のもっとも象徴的な事例を1つだけあげておきましょう。

国連の女性差別撤廃委員会（CEDAW）は2016年3月7日、日本政府にたいして「過去の勧告が十分に実行されていない」と政府の責任を厳しく指摘する57項目に上る勧告（「総括所見」）を公表しました。勧告では、政治参加や雇用、教育、暴力防止などあらゆる分野で差別根絶・女性の権利保護を推進するうえでの懸念と改善すべき課題を提起しています。具体的に改善が求められた課題は、賃金格差、管理職への登用、マタハラ（妊娠・出産にかかわるハラスメント）、セクハラ、非正規雇用など雇用の場での平等、政策意思決定の場での女性比率30％目標の達成、選択的夫婦別姓の民法改正、女性への暴力、マイノリティなどの人権の問題、「慰安婦」問題の真の解決、貧困の解決などなど、これまで5回の勧告で繰り返し指摘されてきた課題です。

国連の勧告は、日本軍「慰安婦」問題については、被害者への補償、加害者処罰、教育を含む「永続的な解決」など、同委員会をはじめ国際諸機関からの勧告が実施されていないと厳しい遺憾の意を表明しています。２０１５年末の慰安婦問題を巡る「日韓合意」も、「被害者中心の対応」が全面的には行われていないと指摘し、元慰安婦らの「真実、正義、償いを求める権利」を保証し、彼女らの立場に寄り添った解決を目指すよう求めています。安倍内閣の菅義偉官房長官は3月8日の記者会見で、「勧告は日本政府として受け入れがたい」として国連の同委員会に抗議したことを明らかにしました。国際的な批判にたいする安倍内閣の対応は、まさに「異常な居直り」と言わざるを得ません。

（4）出産、子育てへの支援策、家族政策の決定的な立ち遅れ

政府自身が独自に責任をもって実行すべき「少子化対策」における「政府の失敗」は、たとえば子育て支援などの家族政策、社会保障制度、教育制度など、さまざまな分野にわたっています。ここでは、あらゆる課題をとりあげることはできないので、子育て支援策についてだけ簡単に見ておきましょう。

『厚生労働白書』（２０１５年版）は、これまでの「子育て」政策の目標について、次のように述べてい

ます。

「1994年に策定された『緊急保育対策等5か年事業』では、保育所の受入枠数や放課後児童クラブの箇所数など保育サービスに関する項目の設定に限定されていたが、1999年に策定された『新エンゼルプラン』では、保育サービスに関する項目に加え、働き方、母子保健、相談、教育、まちづくり等の事業も加えられた」。「さらに、2004年に策定された『子ども・子育て応援プラン』

3章ー図4　「待機児童の定義」を変えたために、待機児童数が急減したように見えるが、実際は大幅に増大している

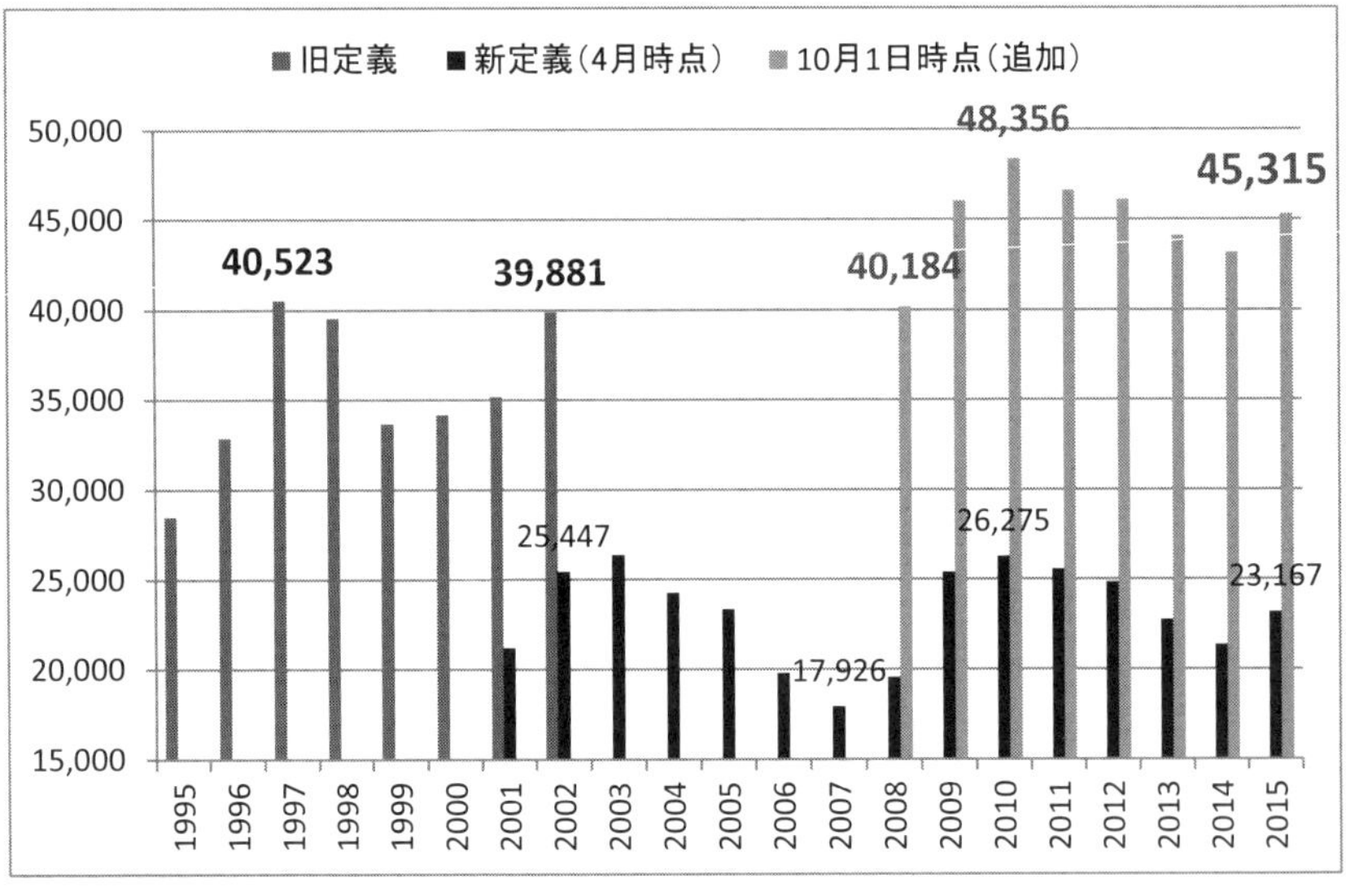

旧定義　認可保育所に入所を申請したものの入れなかった人数
新定義　旧定義から、自治体が独自に助成する「認可外保育施設」を利用しながら待機している児童らを除いた人数
10月1日時点(追加)　4月時点調査の新定義に10月1日時点調査を追加

(解説) 厚労省は、2001年に「待機児童」の定義を変更し、自治体が独自に助成する「認可外保育施設」を利用しながら待機している児童は、待機児童数から除くことにした。その結果、待機児童の数は見かけ上は大幅に急減した。2002年の場合、旧定義でみれば 3万9,881人だったのが、新定義では2万5,447人に「減少」した。その後、2008年から厚労省は、4月時点調査以降の10月1日までに新たに待機児童になった調査も発表するようになった。2015年には、4月時点の2万3,167人に新たに2万2,148人が追加されて、10月1日時点では合計4万5,315人となっている。

では、働き方の見直しの観点で『男性の育休取得率』や、若者の生活基盤の強化を図る視点から『若年者試行雇用の活用』での常用雇用移行率や『新規学卒就業者』の就職後の離職率なども目標設定の項目とされた」。「2010年に策定された『子ども・子育てビジョン』での目標項目では、『乳児家庭全戸訪問事業』といった出産に関して全ての子育て世代を対象とした目標や、『第1子出産前後の女性の継続就業』といったより具体的な目標が設定されるとともに、社会的養護の充実に係る項目などが追加されるなど、広範な目標設定を試みている」（同書、62ページ）。

『白書』は、このように政府の「少子化対策」の経過を述べたうえで、「保育の受け皿確保や地域の子育て支援体制整備など、個々の取組みは着実に前進してきた」と自画自賛しています。しかし、子育てへの支援策がきわめて不十分だったことは、すでに第2章で安倍内閣の「新・第2の矢」を検討した際に、最近の待機児童問題の深刻化を事例に指摘したとおりです。

3章図4は、「少子化対策」が取り組まれてきた20年間の待機児童の数について、政府の発表した統計をグラフにしたものです。政府が「待機児童の定義」を変えてきたために、見かけ上は待機児童数が減ってきたようになっていますが、実際は大幅に増大してきたことがうかがえます。政府は、待機児童の実態すら正確にはつかめていないといってもよいでしょう。

（5）子どもの貧困、若者の貧困、教育の貧困は「政府の失敗」の結果

日本の相対的貧困率は上昇を続け、最新の政府統計（2012年）では16・1％、約6人に1人が貧困

ライン以下で、子どもの貧困率は16・3％にのぼります。母子家庭など一人親家庭の貧困率は54・6％(同)と突出した高さを示し、経済協力開発機構（ＯＥＣＤ）加盟34か国で最悪となっています。「日本が世界有数の『貧困大国』」であることは動かせぬ事実です。

急速に「少子化」がすすみ、新たに生まれてくる子どもたちが年々減少し、14歳までの年少人口も減っている日本で、子どもへの虐待が大きな社会問題となり、「子どもの貧困」「若者の貧困」が拡大しているという現象は、異常としか言いようがありません。こうした現実もまた、歴代自公政権の「少子化対策」が効果をあげてこなかったことの証明であり、まさに「政府の失敗」というべきでしょう。

さらに教育の貧困は、「少子化」を奥深いところで進行させる大きな要因です。安倍首相は施政方針演説で、「子どもたちの未来が、家庭の経済事情によって左右されるようなことがあってはなりません」「希望すれば、誰もが、高校にも、専修学校、大学にも進学できる環境を整えます」などと述べましたが、実態はまったくそうなっていません。

経済協力開発機構（ＯＥＣＤ）が２０１５年11月に発表した調査によると、国内総生産（ＧＤＰ）に対して国や地方自治体による教育機関への公的支出の占める割合が日本は6年連続で比較可能な32か国中最下位となりました。32か国平均の４・７％にたいして、日本は３・５％です。大学の場合、入学金や授業料は年々高額となり、給付制奨学金制度がないのも主要国のなかでは日本だけです。教育の貧困もまた「少子化対策」における「政府の失敗」を示す標識にほかなりません。

子どもの貧困、若者の貧困、教育の貧困が示していることは、いま日本社会が落ち込みつつある「少子化社会」「人口減少社会」の問題が、たんに人口が減っているという量的な面だけではなく、日本社会の質的な面からも、深刻な病弊が深まりつつあることを意味しています。

コラム②

「少子化対策」の理論的背景――シカゴ学派の「家族の経済学」

20世紀後半に、北欧や西欧など先進資本主義国で出生率が低下し、「少子化」問題にたいする政策的検討が求められるようになると、「近代経済学」のなかからもそれに応える研究が生まれてきました。とくに米国の経済学者ゲーリー・ベッカー（シカゴ大教授、1930－2014）の開拓した「出生力の経済分析」（ベッカー教授が1960年に発表した論文名）は、それまで出生・死亡や結婚・離婚などの家族の行動にかかわる分野は、需要・供給の「ミクロ経済理論」にはなじまないと思われていた垣根を取り払い、人口問題を経済学的に分析する道を切り開きました。その結果、各国の「少子化対策」は、シカゴ学派と呼ばれる経済理論を背景として、組み立てられるようになってきていると言われています。

たとえば、「女性の労働参加を阻害しないで出生率を上げるには、現金給付（児童手当など）がよいか、現物給付（保育所建設など）がよいか、そのどちらを選択するか」、この問題を経済理論のモデルを使って分析するということです。もう１つ事例をあげると、「女性賃金率の上昇は、女性の労働供給の水準が低い時は出生率を下げるが、女性の労働供給の水準が高い時は出生率を上げる」などというモデル分析を行う経済理論です。

シカゴ学派の「家族の経済理論」による「少子化対策」は、「経済人口学」という新しい領域を切り開きましたが、その有効性については、まだまだ理論的実証的な検討が必要でしょう。ちなみにベッカー教授は、こうした「家族の経済理論」などの理論的貢献によって、1992年にノーベル経済学賞を受賞しました。

（参考文献）拙稿「G・ベッカーの『人口理論』―― 現代の『少子化対策』の理論的背景」（『経済』掲載予定）

第4章　「3つの失敗」の根源にあるもの——現代日本の「資本主義のあり方」が問われている

これまで4つの章（序章〜第3章）では、安倍内閣の「新・3本の矢」と歴代自公政権の「少子化対策」の検討を行い、日本の「少子化対策」がこれまで効果をあげてこなかった原因として「3つの失敗」——「財界の失敗」「社会の失敗」「政府の失敗」を指摘してきました。そこで、次に、これら「3つの失敗」を全体としてどうとらえるか、日本の「少子化」現象そのものの根源について検討してみましょう。

I　現代日本の「少子化」「人口減少」のスピードは異常である

日本の総人口（外国人含む）が連続的に減少しはじめたのは2011年からですが、日本人人口の自然減（出生児数－死亡者数）は、すでに趨勢的には2005年からはじまっていました。その原因をさかのぼると、1970年代後半にまで至ります。日本の出生率は1974年に人口置換水準を割り込み、それ以降、人口置換水準以下の水準を今日まで続けてきています。日本の人口が「減少モメンタム」（巻末の用語解説参照）の時期に入る遠因は、1970年代にあったといわなければなりません。いったいなぜ1

９７０年代の半ば以降、出生率の低下がはじまったのでしょうか（４章図１）。

国際的な人口学会の議論では、最近の先進諸国の「少子化」傾向の要因には、若者の結婚や性行動にたいする価値観の変化、家族やライフスタイルについての意識の変化などが背景にあると指摘されています。たしかに日本でも、こうした若者の価値観や意識の面での共通した変化はあるといえるでしょう。現代日本の出生率の長期的な低下と「少子化」の傾向は、欧州でいわれている「第二の人口転換」現象と共通の側面もあります。若者の未婚率の上昇、晩婚化、晩産化の傾向の背景には、「第二の人口転換」（＊）としてとらえられる長期的な人口動態の変化、人間の再生産にかかわる人類史的な変化の兆しが含まれているのかもしれません。

＊「第二の人口転換」「人口転換」とは、人口が前近代社会の多産多死の人口停滞状態から、多産少死の人

４章－図１　出生率（合計特殊出生率）の推移

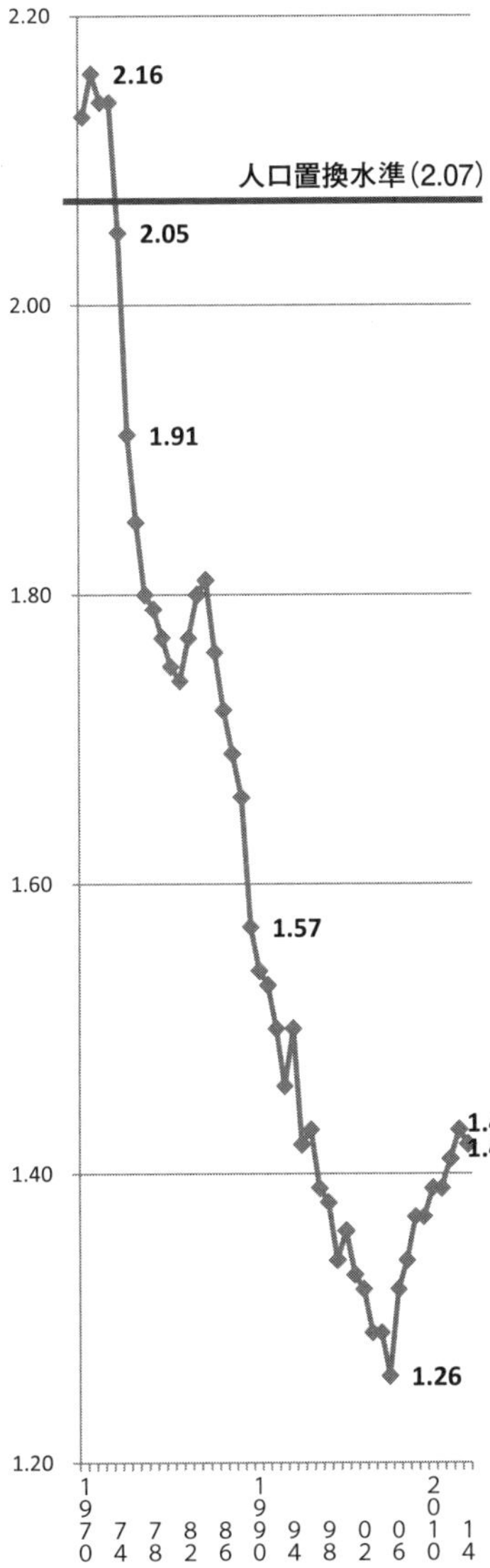

（資料）人口動態統計などにより作成

口急増期をへて、少産少死の人口安定・静止状態へいたるという一連の人口動態革命のことです。こうした「人口転換」が終了すると、人口は少産・少死の人口動態の増減のない状態に入ると思われていましたが、そうした予想に反して、１９６０年代以降には先進諸国の出生率はいっせいに低下して、70年代、80年代に入ってからも各国とも人口置換水準を下回るようになりました。未婚者、晩婚者、非婚者が増え、それとともに晩産化、婚外子、離婚も増えてきました。こうした新しい人口現象にたいして、欧米の人口学会では、「第二の人口転換」という議論が起こってきています。

しかし、日本の場合は、それだけでは説明できない特殊な性格をもっていると思われます。出生率低下の長期的な継続、人口増大から人口減少への急激な転換、人口減少のスピードがあまりにも異常な特徴を示しつつあるからです。日本の場合は、より直接的な変化の要因として、日本資本主義の経済的な状態の客観的な変化があります。戦後の日本資本主義の急激な経済成長とその後の長期にわたる政治、経済、社会の行き詰まり、とりわけ日本資本主義の経済的矛盾の深まり、その現われとして「少子化」問題をとらえる必要があります。

Ⅱ 「高度成長」の破綻と「出生率低下」のはじまり

１９７０年代以降の出生率の低下には、さまざまな要因が重なっていたと思われますが、なによりも指摘すべきことは、１９７０年代に「高度経済成長」の時代が終わるころから、戦後日本資本主義の資本蓄積様式が新しい段階的な変化をはじめたことでした。

　１９７０年代は、「高度経済成長」の破綻とともに、本来だったなら、行き詰まった輸出主導型蓄積・再生産構造を転換して、国民生活中心の、内需を軸にすえた再生産構造に切り換えていくこと、そのためには、国家的な戦略のもとに経済政策を総動員して、内需中心に資本蓄積と再生産の軌道を主導していくこと、それが課題となっていました。しかし、現実の日本資本主義は、そうした変革ではなく、まったく逆行する方向への変化を強めていったのです。

　たとえば、このころから、国民のあいだでは「豊かさとは何か」という論議が盛んになりました。「高度経済成長」の時代が終了してから、むしろ「豊かさ」への国民の関心が高まったのは、大資本が「高度成長」して「世界第二の経済大国」となり、「世界一の金持ち国」が喧伝されるようになったのに、国民の暮らし向きは少しも良くならず、むしろ長時間労働、超過密労働など「過労死」をうむ過酷な労働条件、「日本型企業社会」の異常な搾取・抑圧体制への批判が強まっていたからです。また、兎小屋といわれるほどの日本の住宅の貧困、地価の高さ、東京一極集中と過密問題などへの批判が、しだいに土地問題からゴミ問題、食品安全・製造物責任問題、農業・食糧問題、自然・地球環境問題へと広がっていきました。

　しかし、現実の日本資本主義は、国民生活優先、内需中心への再生産・資本蓄積方式への転換ではなく、逆に、いっそうの集中豪雨的な輸出拡大と海外への資本輸出の両面戦略によって、さらなる経済成長を維持しようとしました。１９７０年代から１９８０年代にかけて、国民の期待した安定した仕事と暮らしの要求はかなえられないまま、生活をまもるために、夫は残業による長時間労働、妻もパートなど不安定な共働き世帯が増え、子どもを生み育てる条件は、しだいに悪化していきました。

Ⅲ 「新自由主義」路線による資本の強蓄積、労働力再生産の条件の危機

日本の出生率の低下は、1989年の1・57ショックをへて、1990年代以降は、さらに1・50の水準を下回り、1台の前半にまで落ち込むようになります。

1990年代以降の日本では、海外への輸出拡大と資本進出の両方を追求する財界・大企業の経営戦略は、しだいに限界にきていました。戦後日本資本主義の経済発展の基本的な前提が崩れて、労働力の再生産の基盤がますます脆弱になりつつありました。1970年代前半と同じように、1990年代前半にも、日本資本主義のあり方を根本的に再検討して、国民生活優先に資本蓄積・再生産の軌道を再編する機会が訪れていたと言えるでしょう。

この時期に、財界の側からも、日本大企業の経営改革が必要ではないかという問題提起がなされたことがあります。盛田昭夫・ソニー会長が雑誌に発表した論文「『日本型経営』が危ない」(『文藝春秋』1992年2月号)です。この、よく知られている論文のなかで、盛田氏は、「我々日本企業のやり方に対する欧米企業の我慢が限界に近づいてきている」「欧米から見れば異質な経営理念をもって世界市場で競争を続けることは、もはや許されないところまで来ている」という情勢認識を前提にして、次のように提案しています。

「……我々企業人は、これまでに経営の上で十分考慮してこなかった面がないかどうか、今一度我々の企業理

念を真剣に考えるべき時なのです。そこで我々企業人は、まず最初のステップとして、次のようなことを考えていくべきではないでしょうか。

（1）生活に豊かさとゆとりが得られるように、十分な休暇をとり、労働時間を短縮できるように配慮すべきではないか？——旧西ドイツ・フランス並みへの速やかな移行は現実的ではないにしても、アメリカ並みのレベルを目標としてみてはどうか。

（2）現在の給与は、企業の運営を担うすべての人達が真の豊かさを実感できるレベルにあるのか。貢献している人々がその働きに応じて十分に報われるシステムになっているか？（以下略）」（同誌、101〜102ページ）。

もし1990年代に、日本の大企業の経営が「盛田提言」の方向で改革されていたなら、あるいは、この時点で出生率低下の流れにも、一定のストップがかかっていたかもしれません。

しかし、現実には、ここでもまた、日本資本主義は、まったく逆の方向へ舵を切っていくことになりました。先に第3章Ⅲ節「財界の失敗」で述べたように、1990年代後半以降の「新自由主義」路線の全面的な導入・推進の展開でした。

「新自由主義」路線のもとで、労働者の賃金と雇用、国民の暮らしを犠牲にして、一握りの巨大企業だけが大儲けをして、それを「内部留保」したり、海外投資に回したりするという異常な成長方式がその後20年以上も続いてきました。「新自由主義」路線の推進軸ともいえる、相次ぐ労働法制の改悪は、長期的視点で見るなら、将来にわたって雇用を不安定にし、賃金を押し下げることになりました。そのために、国民の貧困と格差はいちだんと拡大し、とりわけ子どもや若者、女性の貧困が増大して、労働力の再生産の危機はますます深まってきました。急速な「少子化」現象の背景には、こうした「新自由主義」路線の強行による資本の強蓄積があったと言わねばなりません。それこそが「少子化」傾向に拍車をかけてきたのです。

Ⅳ　未婚率の上昇、晩婚化の意味すること

若者の貧困化を象徴的に示す指標の1つが未婚率の急上昇です。4章図2のように、1970年には男女とも1~3%だった生涯未婚率は、とりわけ1990年代以降に急増し、2010年には男は20%を、女は10%を超えるようになりました。予測では2035年にはそれぞれ男29%、女19%を超えるものといわれています。若者の雇用不安、将来展望の閉塞感が未婚率に拍車をかけていると思われます。

未婚率の上昇、晩婚化の傾向は、「少子化」に拍車をかける

4章－図2　1990年代以降に急増した生涯未婚率

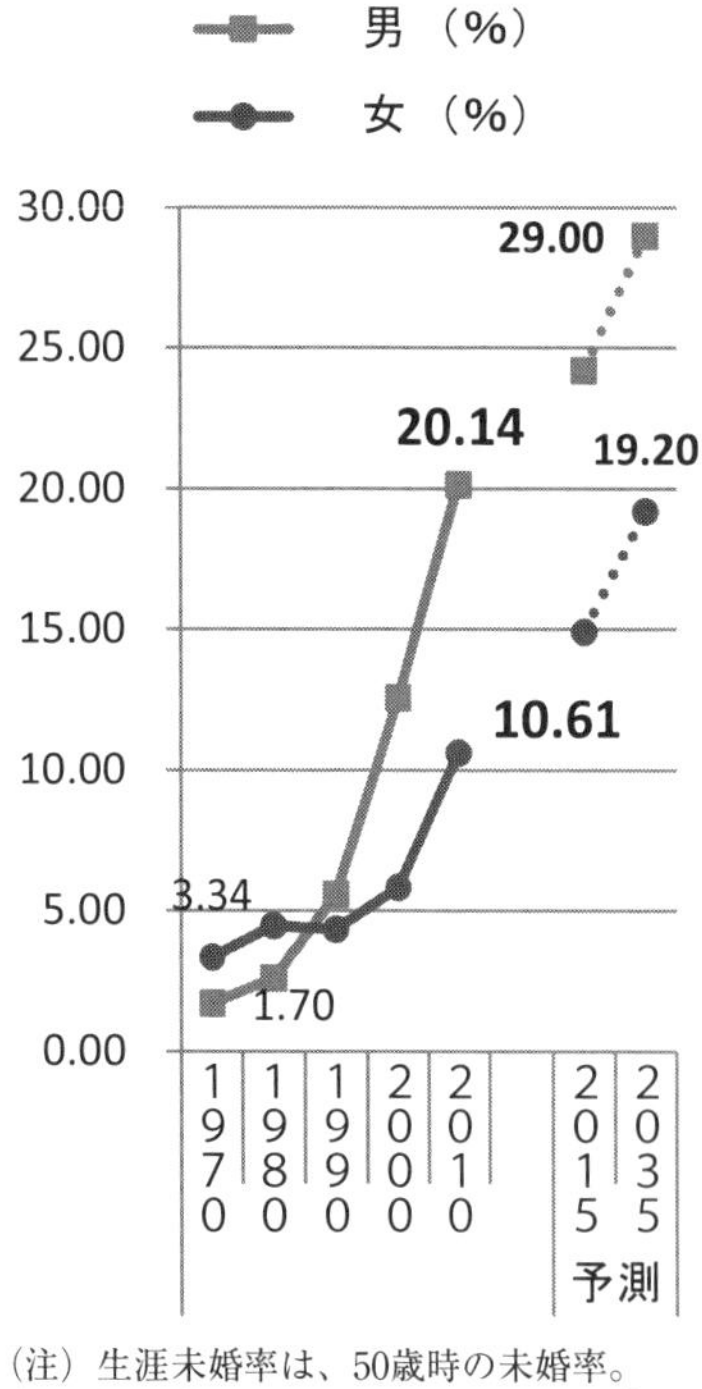

（注）生涯未婚率は、50歳時の未婚率。
（出所）社会保障・人口問題研究所『人口統計資料集』（2015年版）

大きな要因の1つであることは、否定できません。諸外国と比べて婚外子の割合が少ない日本では、結婚する若者の数が減少することは、直接的に社会全体の平均的な出生率の減少をもたらすからです。

最近の日本経団連の提言「人口減少への対応は待ったなし」（2015年4月）や日本経団連のシンクタンク（21世紀政策研究所）の報告書「実効性のある少子化対策のあり方」（2014年5月）では、日本で「少子化対策」がこれまで効果をあげてこなかった第1の原因を、未婚率の上昇、晩婚化の傾向にたいする政府の対策が不十分だったことに求めています。

「婚外子の少ないわが国において、出生率の継続的な低下をもたらした主な原因は『有配偶率』の低下、すなわち若者の『未婚化』であると考えられる」（日本経団連の提言）。

「なぜ効果が不十分だったのだろうか。その理由としては、次のようなことが考えられる。第1は、政策が、少子化の根本的な原因にうまく照準を合わせていなかった可能性がある。例えば、これまでの『少子化対策』は、『子育て支援』という言葉からも分かるように、結婚して、子どもを産んだ後のステージをターゲットとしたものだった。しかし、前述のように、少子化の大きな原因は、結婚の減少、若者の生活不安など、結婚・子育ての前のステージにある。結婚後だけでなく、結婚前のステージに向けての政策的対応が不十分だったのではないか」（21世紀政策研究所『実効性のある少子化対策のあり方』19ページ）。

日本経団連の提言やシンクタンクの報告書は、こうした「少子化の主な原因＝若者の未婚率上昇」という単純な分析をもとに、若者が結婚しやすいような条件づくりとしての「働き方改革」に取り組むことを提案しています。しかし、財界の求める「働き方改革」とは、すでにくり返し指摘してきたように、従来から財界が要求してきた「労働法制の規制撤廃」であり、「労働ビッグバン」にほかなりません。

もともと、「少子化」の原因を結婚前のステージと結婚後のステージに分けてどちらが主な原因であるかなどと論ずること自体あまり意味のあることとは思えません。個々人の生活サイクルでは、結婚が出産・育児に先行することは当然ですが、だからといって未婚・晩婚化が少子化の第1の原因だということにはなりません。日本の出生率の低下は、未婚・晩婚化の傾向が強まる以前の1970年代、1980年代からすでにはじまっており、未婚・晩婚化は、「少子化」傾向に拍車をかけているだけです。

大事なことは、未婚率の上昇、晩婚化の傾向と出産・育児にともなう困難は、その根源は同じであり、その深い原因を探究することです。本書で解明してきたように、日本で「少子化対策」がこれまで効果をあげてこなかった原因には「3つの失敗」があり、それらの根源を突き詰めると、結局、現代日本の「資本主義のあり方」に行きつきます。「3つの失敗」という言い方の延長線上でいうなら、さしずめ「資本の失敗」「日本資本主義の失敗」とでもいうべきでしょう。

コラム ③

資本の搾取欲と「人口の減少」——マルクスの指摘の先見性

資本主義社会において国民経済が安定した発展をするためには、個々の企業が、一方では新たな生産手段（従来の産業分野の設備拡張・更新であれ、新たな生産技術の新産業への展開であれ）へ投資することが必要であり、他方では、新たな労働力への投資（労働力の再生産）が必要です。個々の企業が目先の利潤追求に走り、「国際競争力」をかかげて賃金や雇用などの労働条件を切り下げ続けるならば、短期的には企業利潤を増大させる効果があったとしても、長期的にみれば、労働力の再生産の条件そのものを掘り崩して、ひいては「人口減少」という事態にもつながっていきます。

マルクスは、『資本論』のなかで、資本の搾取欲が際限なく放任されていく場合には、「人類の退化」や「人口の減少」という事態も生まれうると述べています。『資本論』第Ⅰ巻第８章「労働日」のなかでの、次のような指摘です。

「自分を取り巻いている労働者世代の苦悩を否認する実に『十分な理由』をもつ資本は、その実際の運動において、人類の将来の退化や結局は食い止めることのできない人口の減少という予想によっては少しも左右されないのであって、それは地球が太陽に墜落するかもしれないということによって少しも左右されないのと同じことである」。「それゆえ、資本は、社会によって強制されるのでなければ、労働者の健康と寿命にたいし、なんらの顧慮も払わない。肉体的、精神的萎縮、早死、過度労働の拷問にかんする苦情に答えて資本は言う——われらが楽しみ（利潤）を増すがゆえに、われら、かの艱苦に悩むべきなのか？と」（『資本論』新日本新書判②、463～464ページ）。

やや回りくどい言い方ですが、要するにマルクスがここで述べていることは、資本の搾取欲を野放しにしたなら、労働者の健康や生命はぼろぼろになり、しまいには「人口の減少」が起こるだろうということです。

ここでマルクスが「人口の減少」で想定しているのは、「労働者の健康と寿命」が破壊されて、早死が起こることなどですから、今日のような「出生率の低下」による「人口の減少」ではありません。しかし、どのような経路によるものであれ、「人口の減少」の根源を「資本の搾取欲」が野放しにされることだという指摘は、きわめて示唆的です。日本でいま起こっている「人口減少」と「少子化」傾向を考えるとき、『資本論』でのマルクスの指摘は、まさに傾聴すべき警告だと言えるでしょう。

第5章　いま日本で必要なことはなにか――7つの視点

国民的な立場に立つとき、年々深刻さを増している「少子化」問題にどのように対応すべきか、21世紀の日本で求められる基本的方向を7つの視点から整理しておきましょう。

第1。現代日本の「資本主義のあり方」への根本的な反省（利潤最優先主義からの脱却）。

第3章と第4章で述べてきたように、今日の日本の「少子化」現象の根源は、ただ目先の利益さえ極大化すればよいという資本制大企業の短期的な経営戦略の行き着いた先、個別企業の「合理性」の極限的な追求のもたらした「合成の誤謬」の必然的帰結にほかなりません。

また、そのような財界・大企業の経営戦略にそって、歴代の自公政権が「新自由主義」路線を推進して、日本資本主義をますます野放図な、利潤最優先の体制に変えてきたこと、そうした「資本主義のあり方」が「少子化」に拍車をかけてきたといえます。この、いわば「資本の失敗」「日本資本主義の失敗」とでもいうべき現実を直視し、曇りのない率直な認識をもとに「少子化」の根源を追究して、根本的に反省しないならば、「少子化」への傾斜を止めることはできないでしょう。

第2。人間らしい労働と生活をめざす改革（ディーセント・ワークの実現）。

「資本主義のあり方」を反省するときに、どこをどう変えればよいのか。そのカギは、労働法制のあり方をその視点から根本的に見直して、人間的な労働と生活のあり方をめざすことにあります。長時間労働を是正し、最低賃金を大幅に引き上げ、安定した暮らしができる賃金を保障することです。非正規の労働者の労働条件を抜本的に改善することによって同じ労働をしている正規の労働者との格差をなくし、男女の賃金格差をなくすことです。

こうした労働改革の戦略的な指針は、すでに国際的に明確に示されています。ＩＬＯ（国際労働機関）が提唱しているディーセント・ワーク（人間らしい働きがいのある仕事と生活）の実現です。ディーセント・ワークの実現こそ、真にワーク・ライフ・バランスを確保し、「少子化」を克服する道を開くことになります。

第3。根強い「女性差別社会」の改革（真のジェンダー平等社会の実現）。

安倍内閣は、生産年齢人口の減少という「労働力再生産の危機」に直面して、にわかに「人材こそが日本が世界に誇る最大の資源である」などと言いだして、女性、高齢者の力を引き出すことを強調しています。しかし、「女性が活躍しやすい環境を整える」ためになによりも必要なのは、日本の女性が置かれている差別と格差を解決すること、そのために社会、経済、政治の構造を変えることです。旧い性的役割分業の家族モデルに固執するのでなく、男女が真に対等平等で自由に家族モデルを選択できるように、その経済的な条件、社会的規範をととのえることです。

国際的に提唱されているリプロダクティブヘルス／ライツ（性と生殖に関する健康・権利）の実現は、ジェンダー平等の社会的確立によってこそ保障されます。

第4。「少子化社会対策大綱」の抜本的改正。その実現を支えるための財政・経済の計画的改革（「異次元の少子化対策」の推進）。

フランスやスウェーデンなどの経験からも示されているように、資本主義のもとでも本格的に「少子化対策」に取り組むなら、人口減少を食い止めることはできます。しかし、そのためには、真に実効ある対策を展開する必要があります。

いま日本で進行しつつある人口減少は、小手先の「少子化対策」では、決して止められません。安倍内閣が策定した「少子化社会対策大綱」には、さまざまな政策的なメニューはかかげられていますが、いずれも政策の規模が決定的に不十分です。アベノミクスは金融政策において「異次元の量的質的金融緩和」を強行しました。しかし、日本でこれから真に必要なのは、「少子化対策」や「社会保障政策」においてこそ、規模と質の両面から思い切った「異次元の政策」を展開することです。

財源については、たとえば安倍政権が強行した法人税減税（2013年度~2018年度で約4兆円）を元に戻し、巨額な軍事費のなかで、人件・糧食費や災害救助のための経費を除いた、戦争するための重装備費のその一部（約1兆円）を削るだけで、当面は十分賄えます（5章表1、表2）。

こうした「少子化対策」を実現するためには、財政的保障だけでなく、国民経済全体にかかわる計画的

５章－表１　軍事費の無駄を削れば1兆円の財源はすぐできる（2016年度予算）

（戦艦・戦闘機など重装備関連）

哨戒ヘリコプター（ＳＨ－60Ｋ）の取得	17機	1,026億円
新哨戒ヘリコプターの開発		244億円
新早期警戒機（Ｅ－２Ｄ）の取得	１機	260億円
滞空型無人機（システムの一部の取得）		146億円
イージス・システム搭載護衛艦の建造	１隻	1,734億円
潜水艦の建造	１隻	636億円
戦艦の改修、能力向上など		275億円
戦闘機（Ｆ－35Ａ）の取得	６機	1,084億円
※ その他関連経費（整備用器材等）		307億円
戦闘機などの能力向上		125億円
新空中給油・輸送機（ＫＣ－46Ａ）の取得		231億円
海上作戦センターの整備		189億円
対艦、対空、多目的誘導弾	（合計）	413億円
ティルト・ローター機（Ｖ－22）の取得	４機	447億円
その他教材等関連経費等		353億円
輸送機（Ｃ－２）の取得		87億円
新多用途ヘリコプターの共同開発		129億円
機動戦闘車の取得	36両	252億円
水陸両用車（ＡＡＶ７）の取得	11両	78億円
水陸両用作戦関連部隊等の整備		106億円
10式戦車	６両	76億円
小計		8,198億円

（主な研究開発）

新哨戒ヘリコプターの開発	244億円
新多用途ヘリコプターの開発	129億円
可変深度ソーナーシステムの開発	85億円
その他の主な研究開発	50億円

（米軍基地関連の主な経費）

米軍への「思いやり予算」	1,920億円
普天間飛行場の移設	1,707億円
米軍駐留経費負担	1,768億円

（宇宙防衛関連の主な経費）

弾道ミサイル防衛関連経費（宇宙関連部分のみ）	1,915億円

計	1兆6,016億円

（注）2016年度予算の「防衛関係費」（5兆541億円）のなかから、自衛隊員の人件・糧食費や災害支援、救難ヘリ・輸送などの経費を除いた主な経費。

５章－表２　安倍内閣のもとでの法人税減税を元に戻すだけで約4兆円

●2013年度～15年度に実施された減税

減税の内容	実効税率	減税規模
復興特別法人税の廃止（2014年度）	37.00→34.62	1.2兆円
税率引き下げ	34.62→32.11	1.2兆円
投資減税・研究開発減税・その他		0.7兆円
合計		約　3兆円

●2016年度～18年度に実施されようとしている減税

減税の内容	実効税率	減税規模
税率引き下げ（法律改定済み）	32.11→31.33	0.4兆円
税率引き下げ（法案提出）	31.33→29.74	0.8兆円
投資減税の廃止		▲0.2兆円
合計		約　1兆円

（出所）『議会と自治体』2016年3月号（垣内亮論文）

な裏付けが必要です。そうした財政と経済の計画的な取り組みは、その気になれば資本主義のもとでも可能です。戦後復興期の日本経済の経験そのものがそれを実証しています。

第5。人口政策の国際的基準（リプロダクティブヘルス／ライツの実現）。

人口問題は、単に経済政策や社会政策のあり方だけで決まるものではありません。人口の動態は、労働によって物を作ることのように短期的に動かせる問題ではありません。人口問題は、人間の生命の活動、生命の再生産にかかわる問題です。なによりもまず社会の未来を担う若者の生き方、結婚や出産、家族のあり方、子どもの養育や教育などの条件が前提となっています。そこには今日の社会で生活する人びとの社会意識や精神活動のあり方も深くかかわっています。

人口問題の探求は、経済問題、政治問題、社会や教育の問題など社会科学的な接近方法だけでなく、妊娠、出産、保健、医療などの医学的・生物学的な接近方法も深くかかわっています。また結婚や育児、家族の問題、避妊や中絶など、宗教や文化の問題ともかかわっています。結婚、出産、死亡などは人間の一生にかかわることですから、個々人の人権や倫理的哲学的問題にも関係してきます。

国際的な人口政策の倫理的基準であるリプロダクティブヘルス／ライツ（性と生殖に関する健康・権利）は、こうした総合的な取り組みを求めています。

第6。若者が未来に希望の持てる21世紀日本の展望（「人口減少時代」に社会進歩の立場から立ち向かう）。

日本の人口は、２０１０年ごろから、これまでの「悪しき遺産」としての「人口減少時代」に入っており、しばらくは人口減少が続くことは避けられません。労働政策、社会保障政策、地域政策をはじめ、国・自治体の政策的な対応が必要になります。

この時代に危険なことは、人口減少への対応を逆向きにとらえて、社会経済の進歩をめざすのではなく、後退と退嬰の道をすすむことです。たとえば人口減少や「超高齢化社会」を口実にして、年金を削減したり、将来世代との負担の公平などを口実に消費税の大増税などを強行して社会の活力を失わせるのは「逆マルサス主義」(*)の誤りです。仮に現在の人口が当面すぐには増えなくても、科学技術を発展させ、労働生産性の上昇によって社会的な生産や富を増やし、格差のない平等な分配・再分配を行っていけば、豊かな社会を築くことができます。しかし、そのためには、今までのようなあまりにも利潤最優先で歪んだ経済を変革し、弱肉強食の競争社会をもっと人間らしい社会に変えていくことが必要です。

21世紀の日本の未来に、若者が希望を持ち、だれもが安心して生きていけるような時代の展望を描くという課題に応えるには、さまざまな分野からの総合的な知恵を結集することが必要です。そのための総合的な研究機構、研究体制も求められます。

＊「逆マルサス主義」というのは筆者の造語ですが、かつてのマルサス主義が貧困の原因を労働者階級の過剰人口に帰したのにたいして、今日の「逆マルサス主義」は、これからの日本社会の諸矛盾の原因をすべて「人口減少」「少子高齢化」に帰して国民に犠牲を押しつけようとする発想のことを指しています。

第7。日本社会の危機を打開するための国民的合意、政治の民主的な転換。

ここまで述べてきた6つの基本課題を実現するためには、なんとしても日本政治の根本的な転換が必要です。急速に進行しつつある人口の減少、将来人口の大幅縮小の推計（現代の歪んだ政治・経済・社会の投影）を変えていくためには、政治を変えるという国民の強い意志が不可欠です。そうした民主的な政治変革がないかぎり、日本社会はいっそう停滞するでしょう。その結果、人口問題は、ますます深刻な危機的領域に向かっていくことになるでしょう。

過去の歴史を振り返ると、社会的な変革を契機として人口は急速に増大しています。江戸時代の後期には3000万人程度だった人口は、明治維新後の十数年で4000万人に増え、1945年の7000万人から戦後の民主的改革後には1億人を超えました。社会が民主的に発展することこそ、「少子化」現象を解決する根本的カギです。これこそ歴史的に実証された人口問題の社会的法則です。

「国破れて山河あり」という通り、山河さえあれば、経済的な復興は、数年、10数年かければ可能です。経済的復興は、人間が自然に働きかけて労働することによって達成することができるからです。現実に、戦後の日本は、敗戦の荒廃のなかから10数年で経済的な復興をなし遂げた経験をもっています。

しかし、人間の生命の再生産にかかわる人口問題の解決は、そうはいきません。人口問題の解決は、日本資本主義のあり方を変える課題であり、21世紀日本の百年の課題だからです。

補章　21世紀日本の人口問題

21世紀の日本では、これまでの日本の歴史では経験したことがないような、新しい人口現象が起こると予想されます。21世紀の日本の人口問題を考えるために、補章として3つの論点――①「人口減少モメンタム時代」とはなにか、②「将来人口推計」とはなにか、③「人口静止社会」とはなにか、に絞って、簡単な解説を行っておきます。

Ⅰ　「人口減少モメンタム時代」とはなにか

1　人口置換水準を下回る出生率が40年以上も続いた結果

戦後日本の出生率の推移をみると、1974年いらい人口置換水準を大幅に下回る状態が続いています。しかし、日本人人口の連続的な自然減が始まったのは、2005年（2006年は一時的に増加）からです。日本の出生率は、40年以上も人口置換水準の2・07を下回っていたにもかかわらず、直ちに人口減少にならなかったのは、なぜでしょうか。

出生率と年々の人口動態（人口増減）との間には、一定のタイムラグがあるからです。つまり、1974年より前の時代には、人口置換水準を超える出生率2〜4の時代が数十年も続いていました。1974年以前の時代に生まれた女性たちが新たな出産可能な人口（再生産年齢人口）に続々と加わってきたから、それぞれの世代の平均的な出生率（子どもの生み方）が人口置換水準を下回っていても、まだ出生児総数（出生可能な女性総数×出生率）でいえば死亡者数を上回っていたために、人口増が続いてきたわけです。いいかえれば、それぞれの世代の平均的な出生率が人口を置き換えられない水準に低下しても、人口構造には、過去の高い時期の出生率をタイムラグをともなって反映する特徴があるために、すぐには人口減少が生じなかったということです。

このように、出生数は、出生率（合計特殊出生率）だけでなく、「女性人口」と「女性人口の年齢構成の違い」によっても影響を受けます（「出生数と出生率の関係」の厳密な計算式については、巻末の参考資料を参照してください）。

2　人口の「増加モメンタムの時代」から「減少モメンタムの時代」への転換

こうした出生率の変動と人口構成の変動との間にあるタイムラグによって生ずる人口変動の特質のことを、人口学では「人口モメンタム（慣性）」と呼んでいます。人口モメンタムには、増加モメンタムと減少モメンタムの二つの相反する方向があります。日本はすでに「人口の減少モメンタムの時代」に入っており、そのトンネルを通り抜けない限り人口減少を止めることはできません。

日本では長い間、増加モメンタムの時代が続いていました。1974年から人口置換水準を下回る出生率が続いていたのに2004年までは人口増（自然増）が続いていたのは、まさに増加モメンタムの作用のためです。しかし、その時期が終了して減少モメンタムの時期に入ってきたために、これから出生率が人口置換水準を上回った場合でも、減少モメンタムを反転させるには数十年が必要になります。

この「減少モメンタム」の作用は、過去数十年にわたる低出生率による「少子化」の実績を前提としているために、単なる「推計」ではありません。取り返しのきかない過去の人口動態にもとづく、きわめて蓋然性のある客観的な見通しです。いわば20世紀後半から今日まで、戦後70年の間に、歴代自民党政権と財界支配の経済体制が続き、そのもとで人口置換水準を大幅に下回って出生率が低下しはじめて以降も四十数年にわたって「少子化」傾向を止めることができなかったために、いわばその「悪しき遺産」としての「人口減少モメンタムの時代」が21世紀のこれからも、しばらくは続かざるをえないということです。

とりわけ「人口減少」を先取りした大企業の経営が日本社会にさまざまな変化をもたらしはじめています。「少子化」「人口減少」の影響は、さまざまな形で日本社会に影を落としはじめています。

これまでも、年少人口、生産年齢人口の急速な減少の影響は、たとえば私学経営に与える大学入学者の減少、中小企業の後継者不足などなど、さまざまな分野で現われていました。2005年から、いよいよ人口の自然減がはじまるもとで、「人口減少」の影響は、部分的なものから、日本社会全体、日本経済全体の変化として、浮上しつつあります。

日本経団連副会長の森田富治郎・第一生命保険会長は、日本経団連の機関誌『月刊・経済Trend』（2008年4月号）の巻頭言で「少子化の現実的脅威を直視すべし」と題し、次のように書いています。

「内需停滞の最も重要な要因は、端的に言って少子化問題である。日本の生産年齢人口は、１９９６年から減少に転じた。そして早くも翌97年から、全国百貨店・スーパーの売上高（既存店ベース）が前年比マイナスに転じ、また、食品・飲料等生活必需品の売上伸び悩み、国内新車販売の減少等、個人消費には下方圧力がかかり続けているのである。そしてこの圧力は生産年齢人口減少のスピードアップに伴って、なお急速に増していくのは必至である」。

「日経新聞」が朝刊一面で「人口病に克つ」というシリーズ連載の第Ⅰ部を開始したのは２０１４年９月でした。同シリーズは、２０１５年11月の第Ⅴ部の最終回までの全25回中に、「人口減少」と「高齢化」の人口現象（同紙のいう「人口病」）のさまざまな側面を現場からのルポルタージュで描いています。

3 「人口減少」と「市場原理」——産科医不足問題を事例に考える

出生者数が年々減少し、将来的にも人口の急速な減少がすすむと予測されていることは、「市場原理万能」の競争社会の経済法則と絡み合うときに、いっそう矛盾を拡大させます。それを示す一例として、産婦人科医の不足、妊娠分娩環境の悪化の問題をとりあげてみましょう。

一般的に考えれば、「少子化」で出生児数が減少すれば、机上で計算した需給バランスのうえでは、産科医、小児科医は「過剰」になりそうなものです。しかし、実際には、すでに10年以上も以前から、産科医、小児科医の不足の問題が社会問題となり、テレビや新聞でもたびたびとりあげられてきました。たしかに、大都市では、さまざまな新しい魅力的なサービスのメニューを用意した大規模な産科の専門病院が増えています。しかし、全国的に見ると、実態は、まだまだ改善されていないようです。

厚労省が発表した「２０１４年医療施設調査」（２０１５年11月）では、産科をかかげる病院は、24年連続で減少し、過去最少になりました。厚労省によると、その背景は「厳しい勤務環境による医師不足」だといいます。日本産科婦人科学会と日本産婦人科医会が２０１４年12月に連名で発表した「わが国の産婦人科医療再建のための緊急提言」によると、産婦人科新規専攻医数は、２０１０年度をピークに減少を続けており、しかも、大都市部と地方の間の格差が拡大し、「状況はきわめて危機的」としています。

産科医不足の要因は多様ですが、「緊急提言」を発表した両会の行った「産婦人科医の勤務実態調査」によると、なによりも過酷な勤務実態があるといいます。「これから出生数はどんどん少なくなる。産科医は確実に余る」という予測が蓋然性のある見通しであればあるほど、産科医志望者が減少します。産科医不足は、過酷な勤務をいっそう促進し、悪循環に拍車がかかります。

その結果として、実際の出生児数の将来見通しよりも、はるかに早い時期に、しかも過大な規模の「産科医不足」が起こっているのです。

4　資本の海外流出が「人口減少」に拍車をかけている

最後に、日本企業の海外進出がすすむにつれて、「人口減少」にも、その影響がでてくることについてふれておきましょう。為替レートが1ドル＝１２０円前後の円安になってからも、資本の海外流出が続いていることは、さまざまな統計で示されています。こうした資本の海外流出は、国内での設備投資の低迷を招き、経済全体を縮小させて、長期的に見ると「人口減少」につながることは予想されますが、そうした間接的な影響だけではなく、直接的にも資本の海外流出は国内人口（日本人）の減少と連動しています。資本の海外活動の拡大にともなって、人（ヒト）の海外移住も増大していくからです。

たとえば、最新の人口動態統計によると、２０１４年10月時点の日本の総人口（外国人含む）は、前年の1億２７２９・８万人から1億２７０８・３万人へ21・５万人減少しました。この内訳をみると、日本人の自然減（出生児数−死亡者数）は25・１万人でしたが、社会増減のうち、日本人の海外移住による減少は２・３万人でした（外国人の出入国者数は６・０万人の増）。過去の統計をみても、資本の海外進出が増加しはじめたころから、人口統計の上でも、日本人の海外流出が続いています。

グローバル化した世界経済のもとでは、日本企業の海外進出を一概に否定的にみることはできませんが、客観的な事実として、今後も、人（ヒト）の海外流出が続き、それが国内人口（日本人）の減少に拍車をかけることはまちがいないでしょう。

先に3章Ⅲ節（４）項でとりあげた財界の「日本型移民政策」では、「人口減少」に対処するために毎年10万人の外国人材の移入を推進すべしと提言しています。しかし、日本の財界・大企業自身は、海外への大量の資本移転をすすめることによって「人口減少」に拍車をかけているわけです。

Ⅱ 「将来人口推計」とはなにか

最近の日本における人口問題の議論は、現実にいま進行しはじめている人口減少、「少子化」の問題とともに、50年後の日本の総人口は現在の約3分の2の８６７４万人にまで縮小するというショッキングな

「将来人口推計」が背景になっています。このような「将来人口推計」は、公的年金・医療・介護など社会保障の財政見通しをはじめ、さまざまな政策立案の基礎データにも使われています。

「将来人口推計」は、5年ごとに実施される国勢調査を基礎データとして、社人研（国立社会保障・人口問題研究所）が5年ごとに行っているものです。直近の2010年国勢調査をもとにした2012年推計は、旧人口問題研究所の戦後1955年の第1回の推計から数えると、すでに14回目になります。

ここでは、最新の「将来人口推計」をもとに、そもそも「将来人口推計」とはなにか、その方法である「人口投影」という考え方の意義と特徴をみておきましょう。

1　最新の「将来人口推計」結果のポイント

最初に「将来人口推計」（2012年1月推計）の結論を整理すると、次のようになります（補章図1）。

1　今後人口減少が進み、2060（平成72）年の推計人口は8674万人

・今後の人口は、2010年国勢調査による1億2806万人から、2030年に1億1662万人、2048年には1億人を割って9913万人、2060年

補章－図1　日本の将来人口推計

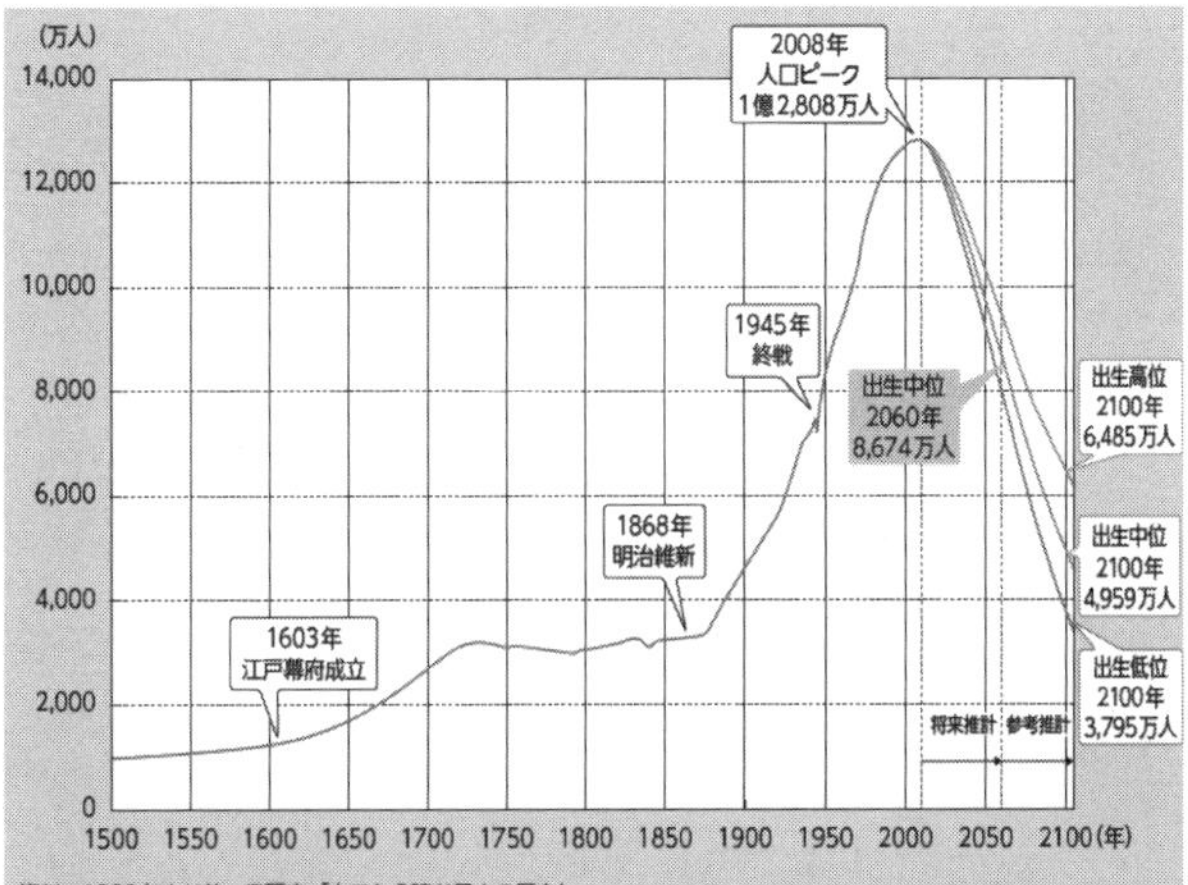

資料：1920年より前：鬼頭宏「人口から読む日本の歴史」
1920～2010年：総務省統計局「国勢調査」、「人口推計」
2011年以降：国立社会保障・人口問題研究所「日本の将来推計人口（平成24年1月推計）」出生3仮定・死亡中位仮定

（出所）『厚生労働白書』（2015年版）

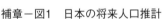

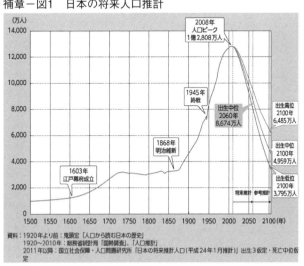

には８６７４万人と推計される（出生中位〔死亡中位〕推計による）。

２　人口高齢化が進行し、２０６０（平成72）年の65歳以上人口割合は39・９％

・同推計期間に、年少人口（０—14歳）は当初の１６８４万人から７９１万人へ減少、生産年齢人口（15—64歳）は８１７３万人から４４１８万人へ減少。高齢人口（65歳以上）は２９４８万人から３４６４万人へ増加。高齢人口割合は23・０％から２０６０年には39・９％へと増加する。

３　長期仮定、合計特殊出生率は１・35、平均寿命は男性84・19年、女性90・93年

・推計の前提となる合計特殊出生率は、２０１０年１・39から途中２０２４年に最低値１・33を経て、長期的には１・35に収束する。平均寿命は、２０１０年男性79・64年、女性86・39年から、２０６０年に男性84・19年、女性90・93年に到達する。

２　人口減少の推計は、現在の政治・経済・社会の歪みを将来に「拡大投影」したもの

政府や財界は、「将来人口推計」の結果を前提として、「だから年金や医療の削減もやむをえない」とか、「だから消費税の増税が必要だ」などと宣伝しています。

しかし、その「推計結果」の意味は、よく吟味してみることが必要です。

なによりもまず、「将来人口推計」は、天気予報のような自然現象の予測とは根本的に意味が違うということです。国連などでは人口推計のことを「人口投影」（Population projection）と呼んでおり、それは「人口動態事象（出生、死亡、ならびに人口移動）の現在までの趨勢を前提として、それが帰結する人口の姿を提示することを役割としている」ものです。

そもそも「投影」（projection）とはどういうことでしょうか。それは、「手元にある小さな物体に光を当て、前方のスクリーンに拡大投影して細部を明らかにする」ことです。ですから、「人口投影」という意味も、「直近の人口動態に隠された兆候を、将来というスクリーンに拡大投影して詳細に観察するための作業」なのです。したがって、「日本の将来推計人口は、現在わが国が向かっている方向にそのまま進行した場合に実現するであろう人口の姿」を表わしているといえます（補章図２）。

ということは、「人口投影」には、「今後生ずる可能性のある経済変動や政治的転換、自然災害などこれまでの趨勢に含まれない事象は反映されていない」のです。つまり、最近の少子化や長寿化の傾向が50年間続くと仮定して、それらの数値をそのまま将来へ「投影」したら50年後の日本の人口はどうなるか、「将来というスクリーンに拡大投影して詳細に観察するための作業」なのです（注）。

補章－図２　人口推計は「人口投影」である

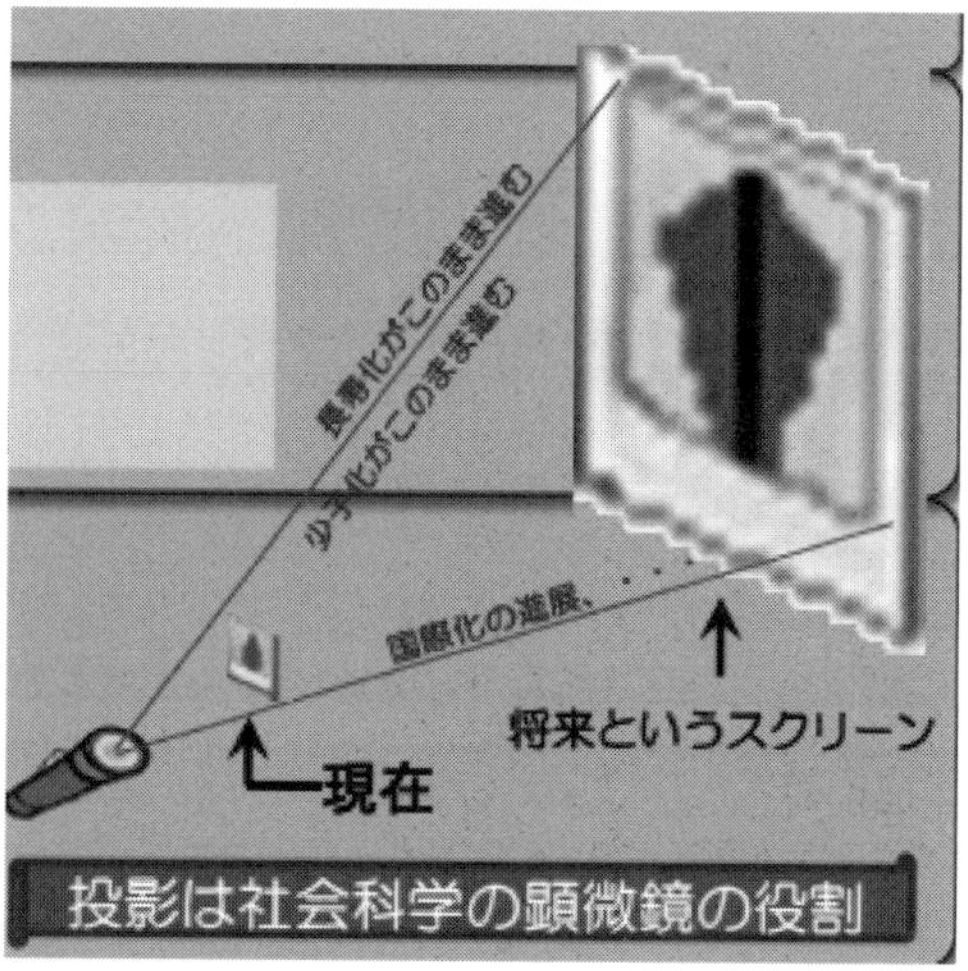

（出所）社会保障審議会人口部会資料（2011年7月1日）

（注）以上の引用と説明は「日本の将来推計人口―平成24年1月の解説」（『人口問題研究資料・第３２７号』２０１４年１月）による。

厚生省の旧人口問題研究所所長や国連人口委員会日本政府代表などを務めた人口学者の黒田俊夫氏も、

日本で使われている「将来人口推計」の意味について、次のように解説しています。

「このような将来人口を測定することを将来人口推計という。人口推計には、このような将来人口のみでなく、人口調査以前の人口や人口調査後の人口を推計する場合がある。日本語では、いずれの場合も人口推計といっているが、英語では、後者の場合をpopulation estimateとよび、将来人口の推計（projectionまたはproject）とは区別している。日本語でも将来人口推計を人口投影として区別することもあるが、一般にはすべて人口推計とよんでいる。（後略）」（平凡社『世界大百科事典』）。

このように国際的には、population estimate（人口推計）とpopulation projection（人口投影）とは区別しており、日本の場合に一般に引証される50年後、１００年後の「将来人口推計」は、国際的にはすべて「人口投影」のことなのです。

つまり、２０６０年（50年後）に日本人口が８６７４万人に減少するという「推計」は、現在の日本社会の人口学的な指標、——それ自体は、現在の日本の経済、社会、政治の歪みを客観的に反映した指標を、忠実に50年後、１００年後に「拡大投影」したものだということです。

３　「推計」の出生率は、１・35（２０６０年以降の長期仮定値）を前提としている

「将来人口推計」は、最近の日本の出生率の急激な低下をそのまま50年後、１００年後にまで「拡大投影」したものです。この「投影」の前提となっている出生率は、途中で若干の上下に変動しながら２０６０年

以後は1・35へ収斂するものとなっています。この長期仮定そのものは、決して恣意的なものとはいえません。現在までの趨勢をもとに、人口学的な緻密な理論と統計的推論を重ねて、割り出された仮定であり、その意味では「客観的な数値」だといってもよいでしょう。

しかし、その出生率＝1・35前後の数値が長期にわたり続くという仮定は、若い人の低賃金、不安定雇用、保育条件の悪化、教育費の負担高騰など、まさに現在の経済、社会、政治の条件の悪化のもとでの「出生率」の趨勢を前提にしています。逆に言えば、社会的条件が変化して出生率などの数値が上昇すれば、50年後の「人口投影」は大きく変動する可能性があるわけです。

ちなみに出生率とともに前提となっている平均寿命は、現在よりもさらに伸びて、女性は90歳を超え、男性も84歳を超えると推定されています。こうした長寿化の進行は、社会の高齢化率を高めることになりますが、人口減少にとってはそれを緩やかにする意味をもっています。

4　過去の「推計」との比較

これまで見てきたように、最近の「将来人口推計」によると、日本の総人口は、これからかなり急激な「人口減少」時代に入り、２０６０年には現在の人口の約3分の2にまで縮小するとしています。これは日本の人口動態が

補章－表1　これまでの「将来人口推計」の推計結果の比較

	1976年推計	1981年推計	1986年推計	1992年推計	1997年推計	2002年推計	2006年推計	2012年推計
長期推計	1億4,001万人（2050年）	1億2,079万人（2050年）	1億2,868万人（2050年）	1億2,581万人（2025年）	1億0,050万人（2050年）	1億0,060万人（2050年）	8,993万人（2055年）	8,674万人（2060年）
（参考）超長期推計					6,737万人（2100年）	6,414万人（2100年）	4,459万人（2105年）	4,959万人（2100年）
合計特殊出生率の長期仮定値	2.10	2.09	2.00	1.80	1.61	1.39	1.26	1.35

（出所）社会保障・人口問題研究所『人口問題研究』のバックナンバー資料から筆者作成。

すでに「減少モメンタム」の時期に入っているうえ、それに加えて今後の出生率も人口置換水準を大幅に下回る1・35前後が続くと仮定しているからです。

しかし、過去の「推計」と最近の「推計」をくらべてみると、「将来人口推計」というものの性格がまさに「人口投影」にほかならないことが、あらためてよくわかります。

補章表1は、日本の出生率が人口置換水準を下回るようになった1974年以降に行われた8回の「将来人口推計」の推計結果（中位値）を比較したものです。これをみると、最初の1976年推計から1992年推計までの3回〜4回は、長期推計でも1億2000万人を超えており、人口減少の推計結果にはなっていません。これらの時期（とくに1986年までの推計）では、合計特殊出生率の長期仮定は、ほぼ人口置換水準に設定されており、長期にわたる「少子化」傾向は想定されていませんでした。

「少子化問題」の特集を行った『厚生労働白書』（2015年版）は、この理由について、次のように述べています（同書、49ページ）。

・当時、1986年推計時点で、おおむね出産を終える35歳の累積出生率（当時35歳であった世代が、35歳までに出生した平均子ども数に相当）の数値は1・96であり、36歳以上の出生率0・06（1985（昭和60）年実績）を足すと2を超えると考えられていたこと

・若い世代の出生率は低下してきていたが、これは晩産化により出産年齢が上昇している影響と捉えていたこと

・当時のデータからは、晩婚化によって、結婚する女性の生涯に産む子どもの数に変化を与えるとの兆候は

明確には見られなかったことや、30代の未婚率の状況などから、晩婚化が非婚化に結びつくとの判断は自然なものとは認識されていない面があったこと

・また、夫婦の完結出生児数についても大きな変動がなかった。このため、合計特殊出生率の低下は、当時のデータからは、コーホートの累積出生水準（各世代での最終的な平均出生数に相当）に変化を与えるとの傾向が見られず、出生の繰り延べによるものと認識されていたこと

いろいろな「理由」によって、当時の「推計結果」の根拠が説明されています。しかし、しょせん「後知恵」による理由付けという感じがいなめません。むしろ、いろいろな「推計」の根拠が示されれば示されるほど、人口置換水準を超えていた１９７０年代前半の人口動向や出生率の趨勢を前提に、それを将来に「拡大投影」した結果だったということがはっきりします。

Ⅲ 「人口静止社会」とはなにか

1 「人口減少社会」と「人口静止社会」

最近の日本の人口問題をめぐる議論のなかで、政府・財界の「少子化対策」にたいして、「少子化対策など必要ない」、「人口は静止社会のほうがよい」という立場からの批判がなされることがあります。

財界・大企業が〝人口減少は労働力不足を招き、経済成長にとってマイナスだ〟などとさかんに主張しているので、それを批判するために、「ゼロ成長でも、成長の質を変えれば、国民多数の暮らしを豊かに

することができる」という論拠の一環として、「人口静止社会」の意義が論じられるわけです。

こうした「人口静止社会」論は、「経済の量的な成長ばかりめざすのでなく、日本の歪んだ経済社会の構造を変革して、成長の質を変えることこそ必要だ」ということを強調するためになされる場合が多く、その意味では積極的な「人口静止社会」論だと言えます。

しかし、そういう意味では積極的だとしても、「少子化対策」そのものが必要ないというならば、それは日本の人口動態の現実には、必ずしも噛み合っていない議論だといわなければならないでしょう。なぜなら、「人口減少社会」と「人口静止社会」という2つの人口現象には根本的な違いがあるということを看過しているからです。この2つの人口現象を混同して論ずると、人口政策上は意図せざる間違いをおかすことになります。そこで、「人口減少社会」と「人口静止社会」の意味を、あらためて確認しておきましょう。

2 「人口静止状態」と「ゼロ経済成長」との相違と関連

その前に、まず明らかにしておく必要があることは、経済全体が成長しない「ゼロ経済成長」の状態であることと、人口が増加しない「人口静止状態」にあることとは、関連はしていますが、両者は同じことではないということです。

このことは、人口が増大している時にも経済成長がマイナスになることはあるし、逆に人口が減少している時でも経済全体は成長することがあることを考えれば、すぐわかることです。人口の変動は経済成長の基本的な要因である「労働力」の変動に影響しますから、人口と経済の変動は深く関係はしています。

しかし、経済の変動は人口だけでなく、資本の動向や生産技術の発展などにも大きく左右されますから、人口変動だけによって経済成長が決まるものではありません。かりに人口が減少していても、1人当たりの労働生産性が大きく上昇するならば、経済全体の成長は続くでしょう。

このように、一般的な意味で「経済成長」と「人口変動」は区別してとらえられるわけですが、その関連を考えるときには、「経済成長」と「人口変動」の間には、かなり大きなタイムラグがあるということを重視することが必要です。

3　人口の「減少モメンタム」と「人口静止状態」

「人口減少社会」とは、文字通り人口が年々減少していく社会のことです。一国の出生率が「人口置換水準」を下回る状態が続いて「減少モメンタム」の時期に入ると、人口は減少しはじめます。出生率の水準が「人口置換水準」を下回る状態が長く続けば続くほど「減少モメンタム」の時期も長くなり、人口減少はなかなか止められなくなります。これは、まさに現在の日本が陥っている人口動態に示されています。

先に紹介したように、社人研の「将来人口推計」（2012年1月推計）によると、2060年には日本の人口は8674万人に減少すると推計されていますが、さらに、その趨勢が続くなら、「参考値」の推計として、2100年には4959万人となり、現在の約3分の1にまで減少するとしています。これは、先に述べたとおり現在の歪んだ社会の人口要因をそのまま将来に「拡大投影」した「推計」ですが、「人口減少社会」とはまさにこうした人口現象のことです。

これにたいして「人口静止社会」とは、出生者数と死亡者数が同数となり、人口の自然増減率がゼロになることであり、人口増減において「静止」状態になることです。この「人口静止社会」は、出生率が「人口置換水準」になったからといって、直ちに実現するわけではありません。人口の「減少モメンタム」があるために、そのモメンタムがなくなった時、その時点の人口水準で「静止」するのです。

実際に現在の日本の人口動態についてみるならば、現在1・4前後の出生率が仮に今ただちに急上昇して2・07の「人口置換水準」に回復したとしても、これから数十年の間は「減少モメンタム」が続くために、その間は人口減少が続いて、数十年後にやっとその減少した水準で「静止」状態に入ります。

この点について、社人研の「将来人口推計」は次のように述べています。

「極端な例として2010年以降、出生率が人口置換水準に復帰して、以降その水準を保ったとしても、2070年頃までは人口減少が続き、当初人口（1億2806万人―引用者注）の約82％（1億0494万人―同）に縮小してようやく安定化することがわかる」（同推計の解説、12ページ）。

つまり、現在の日本の人口動態の現実は、「人口静止社会」か、「人口減少社会」か、という単純な選択の問題というよりも、もっとはるかに深刻な状態にあるということです。

いいかえるならば、「人口静止社会」をめざすためにも、現在の日本社会の「少子化」と「人口減少」の進行にストップをかける必要があるということです。それを放置するならば、人口が静止する安定状態はますます遠ざかり、その静止人口の水準も下がり続けていくことになるでしょう。

あとがき

本書は、基本的に新たに書き下ろした原稿から成っていますが、アベノミクスの評価については、筆者がこれまでに安倍内閣の経済政策を批判的に検討した、次の３冊の著作を前提にしています。

①『「アベノミクス」の陥穽』（かもがわ出版、２０１３年3月刊）
②『アベノミクスと日本資本主義』（新日本出版社、２０１４年6月刊）
③『アベノミクスの終焉、ピケティの反乱、マルクスの逆襲』（かもがわ出版、２０１５年6月刊）

また、本書でとりあげた人口問題、人口政策については、この数年間に筆者が折に触れて発表してきた、次のような論文、時事的論評などの叙述を部分的に利用してあります。

○「マルクス、エンゲルスと人口問題（上）（下）」（『経済』２０１５年5月号／6月号）――理論論文
○「ケインズと人口問題（上）（下）」（『経済』２０１５年10月号／11月号）――理論論文
○「G・ベッカーの『人口理論』――現代の『少子化対策』の理論的背景」（『経済』掲載予定）―理論論文
○「日本の『人口減少』問題を考える」（『経済』２０１５年12月号）――現状分析
○「人口減少社会と新成長戦略」（「労働総研ニュース」２０１４年秋）――時事評論
○「人口推計とはなにか」（「全国商工新聞」２０１２年3月）――時事評論

なお、本書で引用した安倍首相の演説やスピーチは、すべて政府の首相官邸のホームページに掲載されたものによっています。

安倍内閣の「ニッポン一億総活躍プラン」は、史上初めて本格的に人口政策に取り組んだなどという触れこみですが、その基本的特徴は、短期的な経済政策と長期的な人口政策を一体化し、しかもそれをアベノミクスという、すでに破綻した経済政策の枠組みに収斂させるという、根本的に誤った政策構想にほかなりません。本書では、この「プラン」の本質をさまざまな角度から検討しました。

本書の「はじめに」でも述べたように、人口問題は、21世紀をつうじて日本社会が取り組まねばならない長期にわたる重要課題の1つになるでしょう。「少子化」をめぐる問題は、これから日本の政治、経済、社会の各分野において、繰り返し論じられるテーマになると思われます。その意味で本書は、安倍内閣の「ニッポン一億総活躍プラン」の批判的検討という直接の目的だけでなく、21世紀日本の人口問題を考えるための問題提起の1つになればよいと希望しています。

人口問題のもつ長期的な課題としての重要性を念頭において、筆者は、長期的研究テーマとして『人口問題と政治経済学』（仮題）という理論書の執筆に取り組んでいます。本書をお読みいただいた方が、さらに深く筆者の人口問題についての考えを知りたいと思ってくださったなら、本書の理論編として予定している同書を、あわせてお読みいただければ幸いです。

最後に、本書の出版にあたっては、かもがわ出版社の編集長松竹伸幸さん、編集部の吉田茂さんにたいへんお世話になりました。心から感謝します。

用語解説

本書では、人口問題にかかわる専門語については、その用語が使われるところで、そのつど簡単な説明を付してある。ここでは、最も基礎的な「コーホート」「合計特殊出生率」「人口置換水準」「人口モメンタム」について、より正確な意味を「人口動態統計」の「用語の説明」をもとに、その要点を略記しておく。また、「合計特殊出生率」と「出生数」の関係についても、その正確な計算方法を紹介しておく。

［コーホート］（133ページ参照）

人口学で使われるコーホート（cohort）は、特定の期間に出生、結婚、卒業、就職などの同じ経験をした集団のこと。世俗的に「〇年同期生」「〇年入省組」などという場合の「世代」を現している。出生率が女性の年齢コーホートによって異なる場合は、各コーホートごとの出生率（年齢別出生率）をつかむ必要がある。

［合計特殊出生率（出生率）］（37ページ参照）

1、2つの種類

合計特殊出生率は「15～49歳までの女性の年齢別出生率を合計したもの」で、2つの種類がある。

《A「期間」合計特殊出生率》

ある期間（1年間）の出生状況に着目したもので、その年における各年齢（15～49歳）の女性の出生率を合計したもの。女性人口の年齢構成の違いを除いた「その年の出生率」である。

《B「コーホート」合計特殊出生率》

ある世代の出生状況に着目したもので、同一世代生まれ（コーホート）の女性の各年齢（15～49歳）の出生率。「その世代の出生率」を過去から積み上げて合計したものである。

２、「特殊」および「合計」という意味

Ａ、Ｂともに、「特殊」という意味は、各年齢（15歳～49歳）ごとに異なる35個の「特殊出生率」のことである。「合計」という意味は、それら複数の「特殊出生率」を集計して求めることである。35個ある「年齢別特殊出生率」の「合計値」ということになる。

３、ＡＢの違いと特徴

実際に「一人の女性が一生の間に生む子どもの数」はＢのコーホート合計特殊出生率である。しかし、この値はその世代が50歳に到達するまで得られないため、それに相当するものとして、年次比較、国際比較、地域比較には、Ａの期間合計特殊出生率が一般に用いられている。

各年齢別の出生率が世代（コーホート）によらず同じであれば、この二つの「合計特殊出生率」は同じ値になるが、晩婚化・晩産化が進行するなど、各世代の結婚や出産の行動に違いがあり、各年齢の出生率が世代により異なる場合には、別々の世代の年齢別出生率の合計であるＡの「期間合計特殊出生率」は、同一世代のＢの「コーホート合計特殊出生率」の値とは異なってくる。

４、合計特殊出生率の算定と発表時期

合計特殊出生率の精密な数値は、「人口動態統計」（確報、毎年６月ごろ公表）をもとにして、国立社会保障・人口問題研究所が算定して前年分が発表される（つまり2015年の精密な合計特殊出生率は、2016年６月ごろに発表される）。

［人口置換水準］（24、39、104、121、132ページ参照）

ある一定の年齢別死亡率の水準のもとで、人口の国際移動（移入、移出）がないものとして、人口が長期的に維持される出生率の水準を「人口置換水準」という。言い換えれば、死んでいく親の世代と、生まれてくる子どもの世代の数が同じ水準となり、人口が置き換わっていくだけで変動がないような出生率の水準である。ただし、人口変動には「人口モメンタム」があるため、出生率が「人口置換水準」になっても、その時点から、直ちに人口が静止状態になるわけではない。

[人口モメンタム]（121ページ参照）

人口構造がもっている独特の慣性のこと。出生率が人口置換水準になっても、人口構造に「増加モメンタム」があればその期間は人口増加が続き、「減少モメンタム」があればその期間は人口減少が続く。こうした「人口モメンタム」は、人口構造、すなわち人口の年齢構成の特質が原因となっている。

たとえば「減少モメンタム」の場合について言えば、長期に人口置換水準を下回る出生率が続くと、若い世代ほど人口が少なくなり、しばらくの間は、親となって子どもを生む人口（再生産年齢人口）が減り続けるために、仮に一人ひとりが生む子どもの数が増えて出生率が上昇して「人口置換水準」になっても、生まれてくる子どもの総数は増えないので、人口は減り続ける。

[出生数と合計特殊出生率の関係]（122ページ参照）

出生数は、次の式のように「女性人口（15～49歳）」と「（期間）合計特殊出生率」、「（15～49歳女性人口の）年齢構成の違い」の３つの要素に分解できる。以下、この３要素を「女性人口」、「合計特殊出生率」、「年齢構成の違い」とする。

$$出産数 = \text{女性人口（15～49歳）} \times \frac{\text{（期間）合計特殊出生率}}{35^{1)}} \times \text{（15～49歳女性人口の）年齢構成の違い}^{2)}$$

（注１）（期間）合計特殊出生率は15 歳から49 歳までの35 個の年齢別出生率を加えたものであるため、女性人口（15～49歳）を乗じて出生数となるように35 で除している。
（注２）「年齢構成の違い」は、次の計算式で求められる。

「年齢構成の違い」＝Σ〔（ｘ歳の女性人口の割合）×（ｘ歳の出生率）〕÷Σ〔（ｘ歳の出生率）÷35〕

「年齢構成の違い」は、「女性人口」×「合計特殊出生率」／35 が「15～49歳のどの年齢の女性の人数も同じとした場合に当該合計特殊出生率で見込まれる出生数」となることから、「実際の年齢構成がどの年齢の女性の人数も同じという年齢構成とどのくらい違うか表すもの」である。出生率の高い年齢層に女性の人数が相対的に多くなっている場合には、「年齢構成の違い」は概ね１より大きくなる。

出生数がこのように３要素に分解できることから、出生数の動向は、「合計特殊出生率」の動向だけでなく、「女性人口」と「年齢構成の違い」の動向の影響を受ける。

《計算例》

（出生数）　（女性人口）　（出生率）（年齢構成の違い）

2013年の場合

$$103.0\text{万人} = 2{,}591\text{万人} \times \frac{1.43}{35} \times 0.975$$

（増減率）　↓▲2.6%　↓▲1.0%　↓▲0.3%　↓▲1.3%

2014年の場合

$$100.4\text{万人} = 2{,}567\text{万人} \times \frac{1.42}{35} \times 0.962$$

上例のように2013年から2014年の動向をみると、出生数の減少（▲2.6%）は、「出生率」の低下（▲0.3%）の影響よりも「年齢構成の違い」の低下（▲1.3%）や「女性人口」の減少（▲1.0%）の影響が大きいことがわかる。

《参考資料》合計特殊出生率を用いた出生数の構造分析

年次		実数 出生数(人) ①×$\frac{②}{35}$×③	女性人口 (15～49歳) (千人) ①	合計特殊 出生率 ②	年齢構成 の違い ③
1970	昭和 45 年	1 934 239	29 400	2.13	1.079
71	46	2 000 973	29 589	2.16	1.097
72	47	2 038 682	29 700	2.14	1.122
73	48	2 091 983	30 035	2.14	1.139
74	49	2 029 989	30 128	2.05	1.151
75	50	1 901 440	30 251	1.91	1.152
76	51	1 832 617	30 271	1.85	1.144
77	52	1 755 100	30 289	1.80	1.126
78	53	1 708 643	30 319	1.79	1.101
79	54	1 642 580	30 351	1.77	1.071
1980	55	1 576 889	30 438	1.75	1.038
81	56	1 529 455	30 333	1.74	1.013
82	57	1 515 392	30 404	1.77	0.986
83	58	1 508 687	30 463	1.80	0.963
84	59	1 489 780	30 549	1.81	0.942
85	60	1 431 577	30 644	1.76	0.927
86	61	1 382 946	30 726	1.72	0.914
87	62	1 346 658	30 834	1.69	0.904
88	63	1 314 006	30 983	1.66	0.896
89	平成 元 年	1 246 802	31 177	1.57	0.890
1990	2	1 221 585	31 154	1.54	0.890
91	3	1 223 245	31 094	1.53	0.897
92	4	1 208 989	30 974	1.50	0.910
93	5	1 188 282	30 865	1.46	0.924
94	6	1 238 328	30 681	1.50	0.942
95	7	1 187 064	30 614	1.42	0.954
96	8	1 206 555	30 651	1.43	0.967
97	9	1 191 665	30 249	1.39	0.993
98	10	1 203 147	29 809	1.38	1.021
99	11	1 177 669	29 330	1.34	1.047
2000	12	1 190 547	28 821	1.36	1.064
01	13	1 170 662	28 513	1.33	1.077
02	14	1 153 855	28 240	1.32	1.085
03	15	1 123 610	27 998	1.29	1.088
04	16	1 110 721	27 773	1.29	1.086
05	17	1 062 530	27 385	1.26	1.078
06	18	1 092 674	27 165	1.32	1.069
07	19	1 089 818	26 982	1.34	1.057
08	20	1 091 156	26 757	1.37	1.044
09	21	1 070 035	26 531	1.37	1.032
2010	22	1 071 304	26 535	1.39	1.019
11	23	1 050 806	26 337	1.39	1.002
12	24	1 037 231	26 135	1.41	0.988
13	25	1 029 816	25 915	1.43	0.975
14	26	1 003 539	25 667	1.42	0.962

注：1　「女性人口（15～49歳）」の転換年は1997年
　　2　「合計特殊出生率」の転換年は1974年、2006年
　　3　「年齢構成の違い」の転換年は1976年、1991年、2004年
（出所）「人口動態統計（確定数）の概況」（2014年）

【著者プロフィール】

友寄　英隆（ともより・ひでたか）

一橋大学経済学部卒業、同大学院修士課程修了、月刊誌『経済』編集長（95〜06年）などを歴任。著書に、『「新自由主義」とは何か』、『変革の時代、その経済的基礎』、『「国際競争力」とは何か』、『大震災後の日本経済、何をなすべきか』、『「アベノミクス」の陥穽』、『アベノミクスと日本資本主義』、『アベノミクスの終焉、ピケティの反乱、マルクスの逆襲』など。

「一億総活躍社会」とはなにか
——日本の少子化対策はなぜ失敗するのか

2016年７月５日　第１刷発行

著　者　友寄　英隆Ⓒ
発　行　株式会社　かもがわ出版　　発行者　竹村正治
京都市上京区堀川通り出水西入　〒602-8119
編集部＝電話 075-432-2934　ファックス 075-417-2114
営業部＝電話 075-432-2868　ファックス 075-432-2869
URL　http://www.kamogawa.co.jp
振替01010-5-12436
印刷所　シナノ書籍印刷株式会社

ISBN978-4-7803-0843-3　C0033